U0098980

金塊文化

婚姻，最浪漫的修行

愛情婚姻諮商專家
林蕙瑛博士◎著

推薦序

談婚姻的書，永遠吸引著讀者，很重要的理由是大家都希望擁有美好的婚姻，希望為自己的婚姻困境找答案。

婚姻是最複雜的關係，對任何人而言，婚姻本身有著現實的困難度。婚姻關係中，兩個人既是獨立的個體，卻又是緊密相連。如何保有自我的同時，又能兼顧兩人的關係，自我的權力如何不越界，在婚姻中可真難。何況還有開門七件事等著張羅，兒女的養育，雙方的父母等，都在添增婚姻的困難。有的婚姻還帶著數代家族系統的包袱，真是難為了夫妻。

我個人在從事婚姻諮商時，常常發現夫妻兩人很登對，很優質，很相愛，都很努力的在為他們的家付出，但是情愛關係總被梗在兩人之間的枝枝節節事務所阻擋，日復一日，待驚覺之時，往往積怨已深，相處起來變成相互傷害大過於彼此的關懷，真是可惜了。

知識是力量，這句話用在婚姻中非常貼切。多數婚姻的困境便是因為缺乏婚姻的相關知識所致。從婚姻輔導的觀點，希望婚姻走得平順，須具備的基本知能包括：溝通、協商、合作與問題解決能力、了解兩人的婚姻期待、個人的成長史、人我界線、情緒教育、性的需求等。步入紅毯的時候，這些婚姻知能其實都沒有被預備足夠，婚後產生問題，乃必然的趨勢。有些人尋求外遇的慰藉，有些人用暴力試圖改變配偶，有些人用酗酒解憂，有些人躲到工作中，相親相愛變冤家，多麼冤枉。

很少人知道自己帶著一張婚姻的隱形地圖進入婚姻，而這張婚姻地圖的基礎來自原生家庭的經驗。夫妻的成長背景差異越大，地圖的差異也就越大。婚姻關係的衝突往往發生在要求對方丟棄或改變地圖，堅持按著自己的地圖去走。這就很容易理解為甚麼婚姻關係的幸福與否，和合作協商的能力密切相關。

心理學家阿德勒（A.Adler, 1870-1937）說婚姻關係的核心是要把配偶的感覺放在自己的感覺之前。當夫妻都尊重彼此的感覺時，便會選擇透過協商，兩人一起決定如何走婚姻的路，兩蒙其利，婚姻才能維持良性循環。競爭則會帶來傷害、委屈與痛苦。

林蕙瑛老師是頂尖的談情說愛專家，也是婚姻諮商以及性諮商的資深治療師。蕙瑛老師系出名門，氣質高雅，言語溫柔，有著豐厚的文化底蘊，加上諮商的專業涵養，因而她在談婚姻談性愛的時候，有著別人所不及的美感。我讀著她的著作，很佩服她把婚姻問題的複雜，透過案例解說，簡潔的將理論融入可行策略之中，若非理論紮實，實務經驗豐富，是無法蹴及的。

雖然每對夫妻的婚姻都是獨特的，所面臨的難題也各自不同，其婚姻關係的基礎和社會資源條件亦有差異，不會有相同的解決之道。但是，讀者仍然可以從書裡的實例解說，舉一反三，為自己找到努力的方向，不會因為不得其門而讓婚姻關係惡化。

這是蕙瑛老師的第三十四本書，由衷敬佩她的著書之勤。承蒙蕙瑛老師邀請為其新書寫序，深感榮幸，並藉此祝福讀者們婚姻美滿。

國立台北教育大學教授 **曾端真**

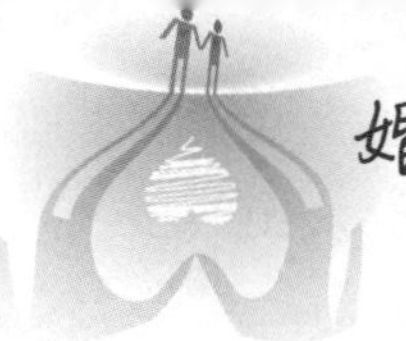

自序

你可以選擇單身或結婚，一旦選擇了結婚，就進入夫妻關係與姻親關係。婚姻生活要適應，家庭人際關係也得學習，要關注的事情很多，戀愛時的私密與專注已成日常生活的某一部份而已，何況婚後生活穩定，各人原始的本性與自小到大的習性逐漸一一顯露，各人的差異性呈現無遺，大小衝突時有出現，伴侶／夫妻必須勇敢的面對，同心協力來處理問題，才能避免婚姻成為戀愛的墳墓。

筆者致力於心理諮商及婚姻治療三十餘年，接觸過無數個案，而長達二十七年的報紙婚姻感情專欄讀者來信更是上萬封，婚姻問題真是說不完。無論是哪個年齡世代或在婚姻中哪個階段，每個人都有自己的婚姻故事與難題，看似不同版本，問題其實是異中有同，常見的有個性不合、溝通不良、姻親問題、外遇、性生活、親子關係、金錢用度、家庭暴力、伴侶有不良習慣等等，當然也有匪夷所思的罕見問題，但處理的要訣是觀念的溝通與行動的一致。

本書以案例故事呈現婚姻中的各種問題，都是真實發生過的困難或衝突，也可能曾是你我他目前正經歷的困境，任何人都可以對號入座。每一個問題都會帶來婚姻危機，當事人備感壓力，伴侶／夫妻關係也因而緊張。筆者針對每個婚姻問題診斷其嚴重性，仔細分析，深入探討，讓深受其苦的當事人／主訴求者撇開負面情緒，看清楚癥結所在，引導她／他學習邀請另一半一起來面對與處理。

很多人都迷信自然主義，夫妻吵架冷戰過了就算了，反正船到橋頭自然直，殊不知婚姻如逆水行舟，不進則退。問題丟著不管，關係會惡化，親密感疏離，大人不開心小孩也受影響。伴侶／夫妻總是等到婚姻成了爛攤子才著急起來，忙著尋求婚姻諮商／治療師的協助，再神通廣大的治療師也愛莫能助。

因此在婚姻中要有危機意識及自覺性，當關係出現黃燈時就要警覺，在問題還未變大，關係尚未弄僵之前就開始溝通協商，也就是學習化解衝突的技巧，是有可能大事化小，小事化無的。換言之，伴侶／夫妻可以學習做自己婚姻的諮商師，而本書就是以實務為主的參考書。重點在於當事人曾經嘗試解決問題挽救婚姻，之後再來與婚姻諮商師晤談就較有概念，容易進入狀況。

本書亦適合想要進入婚姻卻還在牆外之人，瞭解到婚姻並不是一路順暢，而是要有心理準備，從案例故事中認清「預防勝於治療」的箴言，與伴侶一起學習，以正向態度來經營自己的婚姻。而婚姻諮商／治療師亦不是每一位都曾經歷過書中的婚姻問題，或接過這些個案，閱讀本書正是一種學習與參考，提升實務的二手經驗（vacarious learning）。

這本書的誕生，除了作者本人的經驗、時間與筆耕外，還多虧了金塊文化余素珠總編輯的精心策劃與編排，張老師月刊高惠琳編輯的鞭策與鼓勵，及助理林淑華的篇篇打字，她們都是本書的催生者，特此感謝，你們都是我的貴人。另外，最要感謝的是我逝世十九年的爸爸林衡道教授，我的寫作生涯是受您的感召及影響的。想念您，父親！

林蕙瑛

一〇六年八月

目錄

C·O·N·T·E·N·T·S

目錄

步入禮堂之前

1 結婚好，單身也不錯

只要愛自己、有信心，單身者必能與已婚者一樣過得充實與快樂。

「單身生活」是普遍存在於現實生活中的現象。單身意指未結婚、一度單身或結婚但又離婚的青年男女及熟男熟女（二度單身）。

「單身貴族」並非娶不到或嫁不出去，而是他們選擇生活的方式與眾不同罷了，因為單身、結婚或離婚都是生活方式的一種選擇，大多數人選擇結婚，小部分人選擇單身。對某些人來說，單身是一種過程，只是因為在未找到自己合適的對象或者熱衷於工作，人生追求的目標有先後，而把結婚的時間往後推移。但也有一部分的人把單身當成一種目的，因為他們認為這種生活方式較合適，而選擇終生單身，自由自在，不受牽絆，可以專注於自己喜歡的事。至於二度單身者，他／她也可以選擇再婚或單身，的確有不少人選擇終身單身，也是基於相同理由。

從前社會上有「不孝有三，無後為大」的傳統觀念，已婚才是正道，單身往往受歧視，如今選擇單身的人越來越多，單身者的生活亦值得重視。而單身者要如何活得快樂，有下列幾點可供參考：

一、建立自信心

1.不斷進修，充實內涵，活到老學到老。

2.藉由服裝造型的設計可使自己更獨特及美麗或帥氣。

3.參加專業性或生活化之營隊或團體，使自己視野更寬廣，如企管營、生活營、國標舞班、單車隊等。

二、自給自足、回饋社會

1.單身者應具備一己之長，來保護自己、養活自己，使自己能在社會中生存下來。若連經濟都有問題，則快樂將何處可尋？

2.在自認為有能力之後，不妨關心他人，回饋社會，因為施比受更有福。

三、安排生活

1.結交好友，朋友間可以相互鼓勵，關心與支持。

2.積極拓展人際關係，只有良好的人際關係才能使生活更多采多姿；遇人常面帶微笑，多參與正當的休閒活動都是很好的方法。

3.健康、專業、感情是單身者追求的三大目標，而最基本的則是健康，俗諺：「人生最大的財富是健康」，若沒有健康，就算是生活得多幸福快樂，也會煙消雲散，因此規律運動可以是每天生活的一部分。至於感情則是可遇不可求，可以獨善其身，也可追求親密關係，因為人有親密需求，必須適時把握住機會發展親密關係。人有權利追求自己想要的，也有權利拒絕自己所不願的。

四、充實性愛感情、婚姻知識

有些人會覺得婚姻與我無關，對男女關係避之不談，這是錯誤的觀念，每個人都有慾望，其中便包括性愛的慾望，單身並不是「無性無愛」，而是有主宰親密生活的權利，唯有去了解性愛感情，才會使身心更成熟，也更能理解及處理男女之間的關係。

也許你自己是單身者，也許你的子女不想結婚只想單身，不論幾歲的單身生活，不妨好好規劃自己的人生目標，只要愛自己、有信心，單身者必能與已婚者一樣過得充實與快樂。

2 網路紅娘，牽起熟男熟女

婚前感情基礎若穩固，那麼，好的開始就是成功的一半。

案例1

亞美長達八年的戀情因男友劈腿而告終，若不是他說要存夠錢才結婚，自己也不會蹉跎到三十四歲。傷心了一年，她決心振作，也想成家。因為周遭的人都知道她的遭遇，她想以全新的自己去認識一個想結婚的熟男，乃到一個聲譽好評的婚友網站交友，沒多久果然經過條件配對而開始與A君交往。

A君是標準的科學園區熟男，青春奉獻給工作，年過三十五才感到有成家的需要，雖是不善言詞，做事卻有誠意，亞美受夠了前男友的巧言哄騙，她試著去發掘A君的優點，從友誼出發，交往了八個月，A君的赤子之心及浪漫之情全被亞美引發出來，兩人越來越契合，乃互許終身，結為連理，婚後育有兩

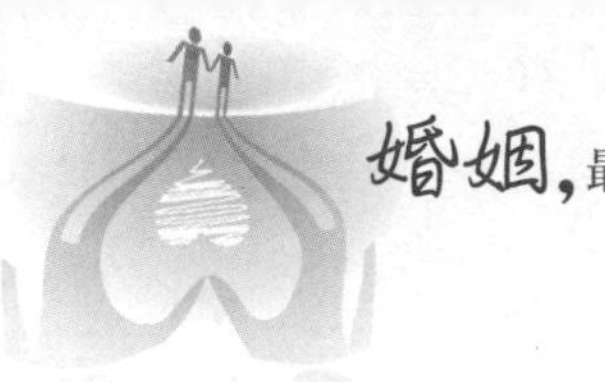

子，婚姻生活快樂。

案例2

文德離婚後經濟壓力頗重，雖然不用付贍養費，但一兒一女都讀私立大學，一切開銷都是老爸出。兩年後兒女大學畢業有工作了，四十八歲正值盛年的他，下了班很累，除了偶爾和朋友去聚餐外，大都回家簡單用餐，然後看電視或上網。一個偶然的機會他在某交友網站認識單親A女，原本是個護士，現在在菲律賓的親戚家幫忙做生意，人生地不熟，生活無聊，乃上交友網站交友聊天。

起先是兩人通信為筆友，越聊越開心，文德忍不住好奇，藉假期飛到馬尼拉與A女見面。異地風情有催化作用，兩人從網友變成戀人，文德感慨一生未如此浪漫過。有了知心男友，A女就重新規劃生涯，辭去親戚家的工作，飛回台北，在一家小診所上班。兩人認真交往，一項一項地克服難題，如生活習慣的差異，子女的抗拒，彼此朋友圈的融入及婚後計畫等。兩年後兩人才真正無

顧慮地踏上紅毯，享受第二春，從此幸福美滿。

以上兩個案例中的男女主角算是幸運的，達成好姻緣，那是因為他們都已不年輕了，有充分自我瞭解，有想要追求的人生目標，勇敢地上婚友網站，開出自己的條件，有了合宜的對象後，慢慢交往小心觀察，直到彼此信賴對方有了安全感，才步入禮堂結連理。網路認識其實只是一個機會一個開頭，後面的一切還是得靠雙方契合及努力。

台灣到底有多少人的婚姻是來自網路的約會/交友，並無全國性的大型研究，而美國的「國家科學院彙報」曾發表過一份有趣的研究報告。過去十年來，美國約有三分之一以上的男女上交友網站尋覓良緣，而約有四分之一的人因此發展長期穩定關係或步入禮堂。值得推敲的是，研究結果顯示，與經由其他途徑結識的夫妻相比，網路紅娘促成的伴侶之生活居然比較幸福，也更能長相廝守。

這是一項很新的研究，芝加哥大學心理系教授卡修波（John Cacioppo），

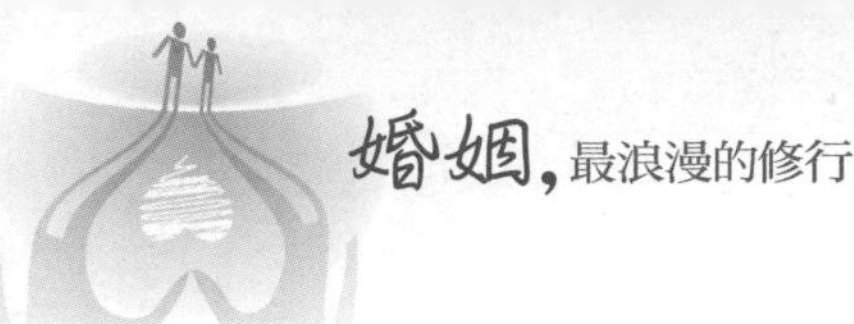

針對全美國於二〇〇五至二〇一二年間結婚的一萬四千一百三十一人進行調查，發現電腦網路已對民眾結識伴侶的方式造成巨大的改變，網路紅娘已成為一年價值十億美元的產業，而電腦網路也可能正在改變婚姻本身的動力與結果。

這個調查結果發現經由網路結識，先友後婚的人士，年紀大多在三十到四十九歲之間，而他們的所得也高於非網路結合的夫妻，這說明了這些上網站登記的熟男熟女，不論是晚婚族或二度單身，先前一直努力工作，或者沒有時間，或許婚姻失敗，但大都事業有成，小有成就，時候到了，他們是真的想覓終身伴侶，老老實實地提供個人資料，說出自己的需求與期待，真誠展開交往。

就因為每個人都認真看待，發現不合適後也就逐漸淡掉或好聚好散，再找下一位交往，因此有人成功獲得良伴，也有人失望而歸，與前述調查研究相符合。只有四分之一的人得以發展長期關係，得來不易，也算緣分，他們特別珍惜遲來的幸福，努力經營婚姻。

雖然是美國的研究，在認識對象方面，其實跟台灣社會也類似。此研究中約有二十二％的男女是透過工作結識，近水樓台，機會較大；有十九％是由朋

友介紹，十一％是在學校認識；七％經由家人牽線；九％是在酒吧或俱樂部認識，這在台灣可能要加上卡拉ＯＫ認識的；另外亦有四％是在教會認識的。

由於此研究長達七年，在調查期間，因網路結識的伴侶，其婚姻滿意度為五．六四％，略高於以其他管道認識的夫妻。而滿意度最低的是透過家人、工作、酒吧或盲目約會所認識的伴侶。這是可以理解的，家人促成婚姻，總是喜歡問東問西且寄以厚望，造成夫妻的壓力或姻親問題，而工作上認識亦有來自同事的壓力，何況兩個人工作性質類似，雖可分享，因看法不同起爭執的機會亦大，且易失去新鮮感，而在酒吧或盲目約會相識的本來就有風險，而且這些人本身也是比較有冒險性，如果不能耐心地彼此磨合，只怕是有緣無分。

在一萬四千一百三十一位受訪的男女中，在調查的七年期結束時，網路結識的夫妻有五．九六％宣告分手，非網路認識的夫妻則有七．六七％仳離。而在非網路促成的婚姻中，最幸福的是從小一起長大的青梅竹馬，或是在學校、社交或宗教場合認識的伴侶，這當然是與環境和個人的個性，以及環境與個性互動的結果有關。這些人，不論是成長環境或選擇的環境都比較單純，也較有自己的原則及目標，婚姻幸福也是他們人生努力的目標之一。

網路戀情也存在很高的風險，人海茫茫中如何能找到合意對象呢？熟男熟女雖然較有社會歷練與人際經驗，但在愛情方面不見得有經驗有原則，因此在上網交友時有幾點要注意：

1.以平常心看待：不要覺得網路交友尋伴是時髦是潮流，新鮮刺激或嚮往神秘感，事實上，它只是許多的交友管道之一，不是唯一管道。

2.不可有憧憬之心：經由網路而跳出來的對象，其實也是一個平常人，有可能是玩世不恭，在未真正認識對方，未確定對方基本資料真實性之前，不對兩人互動有憧憬，不先投入感情。

3.婚姻可以是目標，但約會的歷程更重要：無論約會是否能成功地進展為戀情或開花結果，它本身是一種寶貴的人際學習及成長過程，其過程比結果重要。就是要多約會幾次，才能發現對方的真誠度及優缺點，而決定是否繼續交往。

4.面對面的交往比網路上的文字交談更真實：Line訊息或電子郵件訴衷情是人之常情，但要注意對方打出來的文字及說出來的話之可靠性，倒是在不同場合面對面時可以注意對方的眼神、言語以及種種行為，不要急著進入兩人世界。

5.不能有金錢牽扯：不論自何種管道認識對象，未結婚前各人應是經濟獨立的，約會小錢輪流出或一方多出一些都無妨，但貸款、投資、合夥等有金錢牽扯都不宜，守住自己錢包是保護自己的方式之一。

熟男熟女更不可操之過急，一定要選擇可靠網站，網路上有機會可以彼此認識，但還是要遵循交往的五部曲，經由約會↓好朋友↓男女朋友↓愛侶的歷程↓進入婚姻，婚前感情基礎若穩固，那麼，好的開始就是成功的一半。

3 女大當嫁？

有人不在乎那一紙結婚證書，只重實質，但有婚姻才有家庭，生養的孩子才有保障。

案例 1

男友就讀醫學院，功課壓力大，在學校的時間長。我是社會新鮮人，下了班就沒事，好想看到他。但他能陪我的時間實在太少，好在我們住得很近，我只好盡量替他做家事，如洗衣打掃、上超市採買，甚至買晚餐來給他吃，他才能省下時間陪我。我們很少做愛，他說沒時間想這件事，但我看過他念書念累了上色情網站瀏覽。

他對我不錯，也常提未來要結婚共組家庭，可是他在他同學朋友面前從未介紹我是他女友，事實上我參與的次數也不多。我喜歡和他單獨相處，他們不知道我們是玩真的，總以為我是他的「哥兒們」。說老實話，兩年以來我其實有點累了，我知道他每天時間有限，但留給我的都是他精疲力竭之時，請問我是在浪費時間還是要求太多？

案例2

我今年三十一歲，從事專業工作，收入不錯，與電腦新貴A男認識五年，同居三年，還養了一隻狗，生活一切費用平均分擔，感情融洽生活開心。只是婚姻遙遙無期，他知道我想結婚生小孩，他也說過要結婚，但我不知他在等什麼。逛街時我曾指出我喜歡的戒指樣式，他卻無動靜，朋友們都叫我要催他，我只想耐心等他準備好。

雖然現在很像在過夫妻生活，但我要的是一個家庭，生兩個小孩。我希望他向我求婚是因為他真的愛我，想與我共度一輩子，而非同居久了他必須娶我。在一起這麼久，難道他還不知道我們適不適合結婚過下半輩子？我可不想一直扮演沒有名份的「妻子」！

「案例1」中A女的男友的確很忙，要讀書、交友、還要上網瀏覽，身邊有A女這樣殷勤服侍、照顧他的體貼女友，真是幸運又幸福，何樂而不為。倒是辛苦了A女，每天下班後要順著男友的時間行事，填進他的空檔時間，事事以他為重，在他朋友面前還未能以穩定女友的身份出現，雖然與男友「相處」佔掉她很多時間，實際上互動的空間時間非常少，兩年來並沒有改進，她已經逐漸覺得不滿足了。

男友並非故意以結婚為餌，經常掛在嘴邊，男大當婚，他的觀念裡是有想要婚姻，在目前這個階段A女並非不恰當人選。但他還只是一個學生，還要經過實習、畢業及就業的階段，仍要專注忙碌於他的專業，現在提到婚姻其實是不切實際的。只是A女卻聽信他所言而認定兩人有未來，結婚已成交往的終極目標，這是沒有承諾毫無把握之事。若想要預測兩人是否真的合適，有未來展望，A女倒是要多密切注意他的所做所為。他的行為會反映出他的人格及脾氣，A女可自他的行為模式去觀察及體驗此人是否適合長遠交往。

通常心心相印的情侶們會以各種方式來珍視及疼愛其伴侶，即使是精疲力竭之時，也會事事想到對方，看到對方就很開心很放鬆很自在。A女在兩人關係中付出很多，男友有坐享其成之嫌，就算在婚姻中夫妻也該家務分工，互相照顧幫忙，因此A女真的不需要再幫他做家事了，時間久了他會認為理所當然，自己也變成懶得做家事了，A女沒有做的或沒做好，說不定還惹他不高興呢，這對男女雙方都是沒有益處的。其實交女友與忙功課並不衝突，重要的是要用心及善用時間，她應該試著與男友溝通討論，倘若男友能接納A女的感受，聆聽她的建議，則兩人還有希望走下去。

「案例2」中，女大當嫁，B女對婚姻很渴望與期待，同居生活的融洽已令她勾繪出婚姻的藍圖，一心想要嫁給男友。明明兩人收入不錯感情恩愛，男友卻不提婚事，B女開始擔心男友遲遲未求婚，是否還在考慮兩人進入結婚的合適性。既是擔心就會猜測，似乎各有想法，這就表示兩個人都很安於同居生活，越來越覺得理所當然，每天日常生活正常運作，兩人談心論未來的交流卻越來越少了。男友竟然完全不知道伴侶心中的熱切期望，而B女也不了解他對結婚的打算，究竟是不想結婚呢？還是有所顧慮？亦或是其他原因？缺乏溝通已經埋下感情危機的種子了。

隨著年齡增長及同居時間增加，同居生活已經不能滿足B女了，同居久而結婚的觀念已成慾望，當一個人的慾望未獲回應或實現時，就會有挫折感，又加上她的朋友也認為都同居三年，當然應該結婚了。她的情緒因此在內心波動，嘴上說是耐心等待，其實是礙於顏面不肯先提，而且不想逼他，心中已經對男友有怨氣，自己的情緒也受到影響，產生焦慮感，如果再拖下去，負面情緒高漲，對自己心情及健康都不好，對兩人關係也會有負面作用。

B女既然滿意於兩人共同生活的品質，又有結婚的短程／中程目標，就該朝著目標去努力，這是她自己的生活，她若覺得男友可以共度餘生，也通過同居生活，當然要去爭取想要的東西，何況親密枕邊人有什麼不可談的？也就是說，她不要再被動等待了，當然也不要催促，不妨主動邀男友懇談，坦誠告知自己的結婚需求與所期待的時間，彼此多次深入討論，形成共識。倘若男友不能同心與她朝著結婚目標進行，他必會給理由或藉口，如果都是B女所不能接受的，那她就得有心理準備，這份感情關係頂多維持現狀，將不會邁向婚姻。

兩個案例中的當事人年紀有差、生活背景不同、男友的職業亦不同，但他們都依戀於感情關係中，且男友在關係互動中都表示將來要結婚。愛情至上憧憬婚姻的女人就會死心塌地待在關係中，但當她們的付出沒有得到適當的回報或回應時，心中的不滿逐漸上升，而情緒是會發酵的，於是開始質疑這份關係的價值與展望。

A女才剛進入社會就業，以為有一份工作就有保障，「下了班沒事」就全心放在男友身上，從沒去想自己可以利用閒暇時間多進修擴展人脈，規劃職場生涯讓自己成長，只希望能盡量找時間與男友相處相愛，步入婚姻。她的想法都非常傳統，做法也限制了自己的天地。而男友是有點大男人作風，他的生活空間會越來越遼闊，現在就讓女友扮演在家的女人，以後當了醫生，接觸的人越來越多，眼界也開闊了，還會安於這個乖乖牌女友嗎？

何況兩個人都還很年輕，現代人晚婚，適婚年齡約在三十上下，A女以為談戀愛就一定要結婚，而男友只是在觀念上這麼認為，他也知道自己要結婚還早，未來的新娘也不知道是誰。他當然也不是利用A女，談戀愛本來是兩廂情願，只是他太沒替A女著想，自「交換理論」的觀點來看，確實是不平衡，A女因此才會感到心累了。

B女則為熟女，條件非常好，男友與之匹配，本為佳偶，而他們同居生活的品質亦不錯，且已達適婚年齡，理應開花結果走進禮堂。B女明示暗示未得到回應，越來越不能安於現狀，又不想逼婚，所以抱著「我就等著看你什麼時候才要提」的心態，自己跟自己過不去，也開始胡思亂想，可憐男友卻不知她已怨成這樣。

到底男友是木頭人還是有意避婚，例如還在遲疑結婚對象，或者自己害怕婚姻不想生小孩，或有其他原因，這都要B女自己去與他溝通，找出答案，彼此誠實以對，她才能選擇自己要走的路。當然也有伴侶同居一輩子的例子，那是因為雙方有共識，不在乎那一紙結婚證書，只重實質，但有婚姻才有家庭，生養的孩子才有保障。

男女戀人最怕的就是一個想婚一個不想婚，關係就會產生衝突。結婚是人生大事，選擇對象要慎重，並非認為此人是結婚對象，才與他／她談戀愛，

談了戀愛的情侶也可能不適合結婚。而現代社會的戀愛觀也不再是「從一而終」，一次美好的戀愛就必須步入婚姻，因此A女與B女大可從結婚的框框中跳脫，主導並繼續發展原有戀情或另尋感情歸宿。

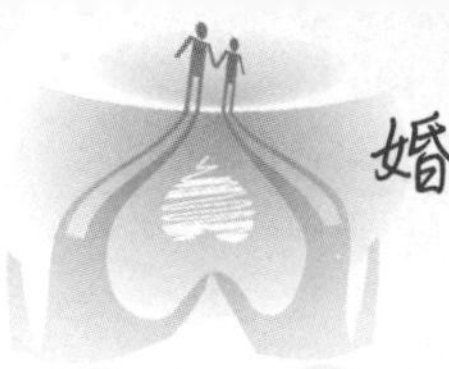

4 相愛是為婚姻關係打基礎

男女雙方欲進入長期關係，承諾與投入是重要的概念與行動。

美美的難題

「與大明熱戀一年，我們不顧各自父母反對，離家租愛巢同住，言明所有開支平均分攤，如今已一年。本來生活算是甜蜜，但最近他被資遣，無法負擔他那一半的費用，又不肯回家向父母拿。如今每一筆帳單都是我在付，包括房租、網路、食物、汽油錢，甚至他的電話費。」

「他並未積極找工作，我每天下班回來很累，而他並沒打掃房間、洗衣服，也沒做飯，他只是坐在電視機前，要不然就上網玩遊戲。我好像是他的媽媽，煮飯洗衣打掃，還要養他。我不知道他是否還把我當女朋友，我已經不記得上次他主動吻我是何月何時了。」

「我很痛苦，我真的很愛他，但我撐不下去了。我不認為這樣是公平的，裡裡外外的事情全是我在做，而他卻逍遙自在享受懶散生活，說多了變成嘮叨，他聽而不聞。有一天我受不了了，對他大吼，說寧可一個人住。大明就跑去高中好友家住兩星期，再三天就要回來了，我真不知該如何是好，又不敢回去問爸媽，他們會罵我活該，怎麼辦呢？」

美美的狀況看起來很普通，年輕的上班族同居後產生經濟問題，影響感情，不捨放手卻也無力改變現狀，感覺累了。其實這個案例裡有許多的人生議題，包括家庭關係、金錢觀、責任感、生活作息、親密關係、婚姻觀及未來共同規劃，分述如下：

1.家庭關係：年輕人往往為了愛，不顧父母反對，硬要搬出去住，只想過兩人世界的生活，卻沒想到在外開銷大，住家裡可以存錢準備結婚，這也正是父母希望的。為了愛侶而和原生家庭鬧翻，一旦有了問題就不敢或不好意思向家裡求援了。再怎麼樣，父母對子女的愛是無條件的，當初不肯聽，父母很傷心，但子女回頭找父母，他們一定會接納的，且這是一個修補家庭關係的大好機會。

2.金錢觀：年輕男女以為同居會較一個人住省錢，言明一切費用平均分攤，「反正我只出一半錢」的觀念促使他們提高生活享受，網路用最快速的，有線電視一定要有，吃的用的要好，穿的則是名牌。平時是夠用，實則沒有規劃，毫無積蓄。一旦有急用或有一方失業，財務危機產生，關係危機亦出現。而未婚伴侶對於金錢的約定應遵守，有借有還，保持誠信，才有信任感。

3.責任感：同居的意義（結婚也一樣）並不是二十四小時相伴而已，兩人既然有一個愛巢，就得全心投入這個家，否則就和室友沒兩樣。日常生活瑣事、煮飯洗衣掃地倒垃圾都得分工合作，且兩個人都在上班，理應相互支持協助，而不是全由女性來做。所謂的責任感並不光是勞務區分而已，還包括對關係的承諾及金錢的負擔，以及對共同生活的未來規劃。

4.生活作息：同居男女（或夫妻）並非一定要作息時間相同，各人還是有不同的事在忙，但也不能相去太遠，例如因失業賦閒在家或生病休養的一方，若半夜起來看電視或玩電子遊戲而白天睡大覺，不但亂了共同生活的一致性，也產生了彼此的疏離感。

5.親密關係：人們因相愛而同居，每天生活在一起，親密無間，但同居生活過了一段時間，日常互動生活起居成了習慣，新鮮感漸無，刺激感消失，雖有形體上的靠近，心靈的相連與溝通容易被忙碌及理所當然取代。本來就容易產生親密危機的階段，若有一方失業，終日閒閒沉迷電視及電玩，也許是自暴自棄，或者暫時麻醉自己，這時的他自顧不暇，哪有心情去照顧到枕邊人的感受？於是接吻不再，性愛停止，身心親密危機已然出現。

6.婚姻觀：每對伴侶同居的動機不同，有人是不顧一切只想在一起；有人則是試婚，若相處得好，可以往婚姻邁進；有人是以同居為生活的目的，想要共同生活一輩子，不在乎那紙結婚證書，然而大部分年輕人之所以同居，都是因為「我們相愛，反正遲早要結婚，那就先住在一起好了！」，以結婚為前提本是好事，雙方更應該在同居生活中真誠相對，學習尊重、體諒、分享苦樂，致力於「好的開始是成功的一半」，準備進入優質婚姻。

7.未來規劃：同居生活的詭譎在於既是未婚又是非單身，各人有各人的工作、交友圈及生涯，不一定會融入對方的社交圈，也比較顧到自己的生涯發展。如果還未有結婚藍圖就很難有心將兩人融合成真正的共同生活，例如未來若換工作時地點的考量，婚後居住地點，事業發展與家庭建立的平衡點，與對方原生家庭的相處等等，倘若各自以各人生活為主，一旦有特殊因素介入，通常是先為自己想，關係易受影響。

案例中大明失業，原本是暫時性，年輕人找新工作是正常現象，但檢視以上七大議題後，就可以瞭解到他和美美的關係危機不僅是經濟問題，而是經濟問題所引發的原本就藏在兩人關係中的問題，凸顯各人的個性與兩人的合適性。大明的生活脫離常軌，心理呈現退化作用，躲進自己幼稚的世界中，而美美為了使生活維持常態，把所有的事情都攬下來，把自己弄得身心俱疲，有苦無人訴，忍到極點，只好求助於婚姻諮商。

從現實面來看，美美應立刻節流，停掉有線電視及高速網路租約及其他不必要的開銷，要用網路的人可以買網路卡來應急需，也可杜絕大明沒事在家享受「免費」（她出錢）的視聽娛樂。大明可能會因此而暴怒，但美美必須堅定地說五十%的分擔是不夠付月租的。

從共同生活面來看，美美與大明共處的生活已無正向面。他未積極找工作，也視美美的勸說與溝通為嘮叨，更不願意做家事，這樣的同居生活已經失掉原來的意義，而且美美也無法繼續負擔全部的費用，因此目前最好的作法是，兩人懇談協商，各自搬回自己父母家居住，既可暫時度過經濟難關，又可冷靜兩人關係。不論大明同意與否，美美得率先打包，退租搬離公寓。

在冷靜期間，美美得回顧同居生活細節，尤其是生活面家務事，重新審視大明的個性、金錢觀、婚姻家庭價值觀及兩人的合適性。因兩人沒住在一起，有時間空間的距離，若要分手可聽其自然，慢慢淡去。美美若要給自己及大明一個機會，則可以像朋友一樣來往，心平氣和地討論生活中感情上許多議題，同時也鼓勵大明盡快找工作，騎驢找馬，恢復心理振作，經濟獨立。

不論是戀愛同居或結婚，男女雙方要的都是一段穩定的感情關係，而欲進入長期關係，承諾與投入是重要的概念與行動。既然是共同生活，日常生活中每一個細節都得為自己與對方設想，每一天每一個行動都是在為感情／婚姻關係打基礎，也就是秉著誠信與承諾努力經營好兩人關係。

關於夫妻

5 舊愛不一定最美

縱使是初戀情人，但時過境遷，再相見，已是滄海桑田，不必然會引發婚姻危機。

案例1

老公跟初戀情人曾經同居，後來各自婚嫁。十幾年過去，最近老公得知女方離婚再嫁，兩人也開始聯絡、互動。

被我發現後，老公一直道歉並承諾不會與她再往來，同時也保證絕對沒有跟對方發生關係。可是女方卻傳來簡訊，告知得了婦科疾病。我該相信他嗎？

原本幸福美滿的婚姻，竟然發生這種事，我的心好痛，好像壓著一塊大石頭，有話卻說不出口。好想去死，卻放不下兩個小孩。到底我該怎麼做，請救救我！

案例2

去年十一月，我發現先生打電話給初戀情人，彼此也常傳簡訊。我的心情很低落，只要一想到先生對她念念不忘與關懷，便心如刀割，不由自主地掉淚。

最近總有想要放棄一切的念頭，因為斷不了先生想她的心，就先了斷自己的吧。雖然先生還是很顧家，保證他們只是普通朋友，他不可能放著家庭不管，但畢竟他們相愛過，我怎麼可能放心？所有的委屈我都不敢向任何人提起，只能悶在心裡，已經快要無法負荷了！

往日情懷，引爆信任危機

先生會和初戀情人重新聯繫，有可能是心中有未竟事宜，像是分手時有許多誤會、心結未解，因此想要把話說清楚，以求好聚好散或轉成朋友。但在過程中，舊時情緒浮現，免不了回到從前的互動模式而產生曖昧。當然，也可能是舊情人心有未甘找上門，丈夫念舊情而難以拒絕，被動接受；或者先生對目前的婚姻關係不滿，不知如何向妻子開口尋求改進，於是轉向舊愛傾訴，以獲

得慰藉。

不論是精神外遇或肉體外遇，「背叛」在感情關係中是很大的傷害，受傷一方很難在短期內癒合。

妻子憤怒、先生心驚，經過否認、道歉，以及口頭保證，妻子通常會為了保全家庭且念及夫妻情感而心軟接受。只是，表面上雨過天晴，卻很容易產生諜對諜的心態，這種情況下，就可能經常心痛、不安、懷疑與難受，最主要是對丈夫失去了信任，且事件只能壓在自己心中，無法向別人訴說，最後陷溺在痛苦情緒中。

案例中，兩位妻子發現丈夫與初戀情人有聯絡後，每天鑽牛角尖，從電話、簡訊記錄等，聯想到他們過去的戀情，想像著可能的互動，但什麼事都放在心裡，不肯也不敢問，同時也認為一定問不出結果。另一方面則是擔憂丈夫萬一惱羞成怒，選擇離開怎麼辦。加上這是丟臉的事，無法向他人訴苦，於是壓力愈來愈大，影響到身心，且覺得委屈、絕望，精神快要崩潰，甚至想尋死。

不過，兩個案例中的先生都只是和前女友重新連結，並沒有因此放著家庭

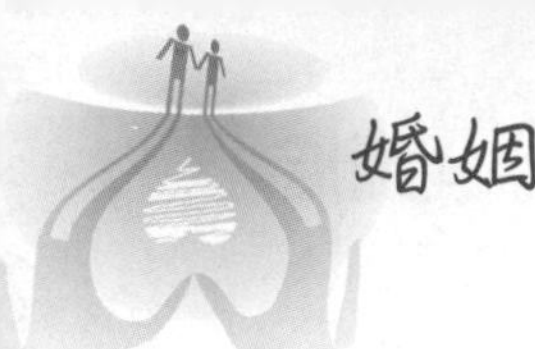

不管，若他與初戀情人真的只是普通朋友，妻子不就是自苦自虐嗎？或許是她自己的擔心威脅到原本的幸福感。

舊感情新關係，最難拿捏

老公與初戀女友糾纏不清，對妻子的威脅最大，她們通常認為婚前舊女友對婚姻的破壞度，會比婚後新女友來得大，這是因為丈夫心中仍有舊情，是真實存在的過去，一旦被舊女友引發，或許就會再續前緣，完成宿願。

但根據統計，丈夫要求離婚，與初戀女友再婚的例子很少。很多做丈夫的，會將舊情深埋心底，歸檔於記憶，縱使再次見面，也只是眼前互動所建立的新情誼，外加一份熟悉感。「案例1」中，前女友已有兩次婚姻，或許是歷經滄桑、感慨萬千，才會再與初戀男友聯絡，尋找心靈寄託，回味當年的青澀與純情。

多年未聯絡，重逢後，雙方當然是從朋友做起。普通朋友與好朋友的界線很容易區分，只要做丈夫的懂得自制、能夠拿捏，保持君子之交淡如水，此種情誼，妻子應能體會和放心。

然而，好朋友與老情人的界線就真的很難拿捏。前女友一天到晚傾訴心事，甚至連病情都詳細告知，如果進一步要求安慰，一念之間就很容易擦槍走火。

男女之間，若一個要、一個不要，不要的那一方能夠堅持就可以面對家人、社會，問心無愧。

因此，關鍵在於丈夫的意志與處理舊情的態度，以及夫妻間的親密程度。若夫妻感情好，無話不談，丈夫顧及妻子的感受，自然會主動告知與前女友的互動情形，就算無法承諾不再聯絡，也會盡量少往來，而且願意公開化透明化，讓妻子對他們的互動一清二楚。如此，丈夫之於前女友，就只是一個傾聽者及普通朋友，妻子應該信任他。

倘若先生很少告知，所有資訊都是妻子自行偵察獲得，則她必須先整治夫妻之間的親密議題和溝通問題，情緒上同理丈夫的作為（並不表示接受），但是要說出自己的擔心，要求丈夫以婚姻為重。或者可以大方邀請前女友來家裡坐坐，成為夫妻的共同朋友，甚至連對方的丈夫／男友也可以一起邀約，化暗為明。

平定內憂，就不需擔心外患

要搬開心裡的石頭、消除婚姻障礙，妻子本身必須先有面對的勇氣，然後下決心做些努力，並在認知上做出改變。

縱使是初戀情人，但時過境遷，日後再相見，已是滄海桑田，只靠著過去未竟事物所帶出的情緒在聯繫，妻子在不確定是否有曖昧關係之前就一味認定，而把自己當成苦命的受害者，是不戰先敗，也有拱手讓人之嫌。不過，這是因為妻子缺乏安全感，太害怕了，所以才將事情災難化，既不敢面對，也不知如何處理。

其次，要在生活上做些改變。除了繼續對先生好、適當表達愛意，閒聊中也要讓先生知道，自己明白他們有往來，也能同理、接納他們的情誼。告訴先生，很替他高興在分手多年後，能有機會再和初戀女友成為朋友；這是一種緣分，自己願意接納她為朋友，同時願意請她來家裡吃飯，大家一起聊天。

先生若真的沒事，必定會感激妻子的體貼與諒解，否則也會因為妻子的明理大方而有所警惕，行為上不敢太過分。

夫妻若要提升感情，經營婚姻就得坦誠相對、同心投入。建議不要翻舊帳，理性面對問題，用溫和平靜的口氣和中性措詞，與先生針對此事件的成因加以溝通。同時加強夫妻互動，例如一起看電影、上餐館用餐、牽手散步、聊聊生活瑣事和心裡想法，藉分享及交流來串連兩人，感受對方的重視及情意。

最重要的是，既然接納丈夫的說詞，就得相信他，給他和自己一個機會，否則只是自己單方面受苦，還是無法拉近兩人的距離。

另外，也可以找婚姻諮商師協談，加速心理調適，提升處理婚姻危機或衝突的能力。

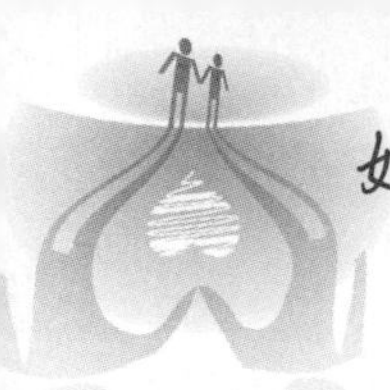

6 臉書是婚姻的破壞者？

臉書或任何社群網站，都只是中性媒介，有其便利性，至於上網後會有什麼後果，端看個人的取捨及分寸。

現代人誰不上社群網站？社群網站可以說是最時髦的玩意兒，既可消磨時間，又可看到人間百態，娛樂性高且個人化。在眾多的社群網站中，臉書算是最具魅力也最受歡迎的，不過，卻也影響許多夫妻的情感，甚至還可能引發婚姻危機。

案例1

我結婚十五年，跟先生感情向來不錯。最近先生開始迷上臉書，每天吃過晚餐就坐在電腦前找尋、聯絡以往熟識的女同學，或是從前交往過的女友。除了瞭解她們的近況，還會做背景蒐尋，例如嫁給誰、丈夫長相如何、職業為何……，也會和她們聊一些生活中的私事（包括情緒困擾）。

看他這麼投入，我當然不高興，可是他卻說是我忌妒心強、控制慾高，且自尋煩惱。他說他跟這些女性友人都只是聊天，又沒和她們發生性行為，並未對我不忠。但是看到他和她們這麼熱絡互動，我就是很氣，很煩，很擔心！

案例2

我太太自小與她南部的鄰居，迄今仍單身的A哥很要好，三年前他們在臺北重逢，自此，每個月都會約見面，一起看電影、用餐，甚至還會陪他買衣服，也常互發簡訊。我認為這是精神外遇，她卻說是無性別友情。為此我們吵過很多次，也冷戰過，最後她妥協了，同意和對方保持距離，不再往來。

最近A哥的好友B君即將結婚，我太太在臉書上得知，居然主動表示想去參加婚禮。她堅稱是跟A、B兩人敘舊，可是我就怕自己及婚姻會受到傷害。到底是我不夠瞭解、信任自己的妻子，還是她真的有問題？

夫妻間必須互相給予安全感與信任感

臉書的功能之一就是可以聯繫上久未聯繫的故人。由「案例1」李太太的敘述中，很難得知李先生是對臉書的整體功能有興趣，還是只專注於尋人的部分。相信他應該也有找尋久未聯絡的男性朋友及同學，只是回應的以女性朋友較多。

人都有好奇心，多年沒聯絡的朋友，總會想要知道對方的生活狀況及細節，或許李太太原本就對丈夫過往的交友情況並不感興趣，所以覺得他的行為很無聊，也擔心會有曖昧情事發生，便以極度負面的態度來看待丈夫上臉書這件事。

李先生願意讓太太知曉他在臉書上的動作，一來表示他是坦蕩蕩的，二來其實也可能想跟她分享臉書樂趣，所以才會理直氣壯地說那些聯繫並沒有性成分，也沒有對不起太太。爭吵時說重話，或許是因為經常被李太太嘮叨質疑責怪，才產生這樣的反擊。

李先生或許個性比較善於傾聽及關心別人，從前的女同學或女朋友才會藉

臉書平臺向他訴說心事。這是他的優點，如今卻變成妻子不安的起源。

試想，當初李太太可能也是被先生的善於傾聽、關心而吸引，如今為什麼會覺得這是缺點？顯然可見，他們夫妻之間的日常生活分享和心靈交流愈來愈少，缺少共同交集，才會有這樣的反應。

當警覺到情感生活的欠缺，李太太可以花點時間和心思，多關心丈夫的日常起居及上班情形；傾聽他的訴說，包括臉書上的活動，並以同理心回應他的分享。

等兩人不再為臉書爭吵，先生卸下防衛心之後，太太再婉言告訴他，自己並不是反對他的網路社交，只是希望他偶爾為之、適可而止，維持人際上的安全距離。

夫妻之間最不需要的就是焦慮、痛苦、嘮叨與擔心，而應互相給予安全感與信任感。

頻繁互動等於精神外遇？

「案例2」張太太與A哥的情誼的確很特別，既像兄妹又是朋友，有太多生活分享與共同回憶。但是他倆若真有戀情，張太太和先生的婚姻必定無法維持到現在。

張先生是真的不夠瞭解自己的太太，未能從她的過去（相識並與之談戀愛之前），尤其是童年，來認識及瞭解她的生活種種、感受她的心情，卻以丈夫的觀點來批判她的行為是一種精神外遇；不是全有就是全無，毫無模糊地帶。

即使張先生不夠瞭解妻子，他必定有許多優點是張太太欣賞的，才會心甘情願地與他經營婚姻十多年，也願意在吵過多次架之後答應不再與A哥往來，將重要情誼收藏內心。

不過，張太太顯然是臉書愛用者，當她獲知有一個公開場合可以和A哥見面，又能夠參加老友的婚禮，便蠢蠢欲動。她會提出要求，就是希望丈夫能夠瞭解她、支持她，不反對她去敘舊。可惜的是，張先生只專注於自己的害怕與痛苦，而無法理解、接受太太的請求。

張先生和張太太其實不需要花心力爭執有無精神外遇，張太太只要學著表

達對先生的愛意，讓他有安全感，就能治癒他的「精神外遇症候群」。

張太太多年前做出決定，化友誼為君子之交，就是重視婚姻的表現，但是由於她不覺得愧對丈夫（事實上也沒有），所以沒有刻意安撫丈夫的心情。

張先生雖然知道太太愛他，卻受不了她在臉書上一看到訊息就主動表示自己要參加婚禮，讓他易碎的心又開始忐忑不安起來。這些，都是雙方缺乏表達愛意、充分溝通的問題所在。

其實張太太遵守諾言，與A哥保持君子之交，許多年過去了，婚姻也平靜無波，張先生理應信任她。如今張太太想去參加婚禮就應該大方讓她去，而且等她回來後，絕對不能酸言酸語地挖苦她，不妨試著和顏悅色，以關心口氣詢問過程，絕對可以緩解夫妻間的緊張氣氛。

另外，如果張先生有較大較包容的心，不妨主動提議，陪太太參加B君的婚禮並藉機會見A哥，同時誠心邀請他們加入夫妻朋友圈。

婚姻問題，無關臉書

試想，如果夫妻兩人都迷上社群網站，是不是更會疑神疑鬼、互相猜忌？若在臉書上與人聊天而聊出感情來，就都是臉書之過嗎？這當然牽涉到個性、安全感、信任關係，以及婚姻品質。

臉書或任何社群網站都只是中性媒介，有其便利性，至於上網後會有什麼後果，端看個人的取捨及分寸。相信一個溝通頻繁、情感穩固的婚姻，絕對不會受到臉書所影響的。

7 親愛的，別把壓力放大了

當自我壓力過大，若沒有妥善處理，往往可能演變成夫妻問題。

案例1

長仁在校園的團契迎新會上認識小學妹芝玲，六年後在上帝的祝福下，他們結婚生子，並且陪伴長仁赴美念碩士。

長仁學成歸國後進入大公司任職，甚受主管重視。孩子上中學之後，芝玲開始到神學院修課；家人各忙各的，感情不曾稍減。

有一天，長仁突然遭誣陷，被迫離職。他四處求職，嘗盡人間冷暖，信心也跟著動搖。他無法相信，信了二十幾年主耶穌，居然中年時被拋棄，於是他離開了教會，咬著牙創業。

芝玲因為丈夫失業而難過，更因丈夫離開基督而傷心哭泣。為了家庭和

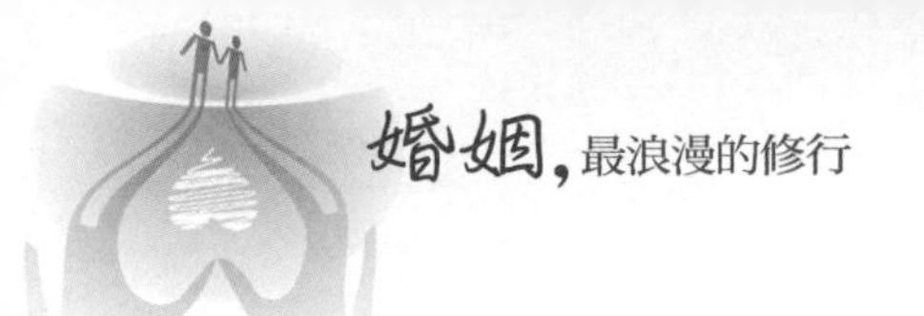

樂，她強顏歡笑，克盡妻子、母親的責任，也悄悄地把碩士讀完。

等到長仁的事業穩定後，芝玲表示想當牧師，於是徵求丈夫的同意。長仁愛妻至深，全力支持，唯一的條件是不可勸他信主。

帶著極大的痛苦與遺憾，芝玲成了牧師，也有了自己的教區。芝玲每天最重要的禱告就是乞求上帝讓長仁回頭，但長仁就是完全與基督絕緣，而這個敏感議題也成了夫妻間唯一的禁忌。

有一天，芝玲忍不住舊事重提。起先長仁溫和地提醒她當初的約法三章，後來可能是被惹毛了，他大罵妻子固執，芝玲也吼他固執。結婚二十多年，夫妻倆第一次熱吵加冷戰大爆發。自此，長仁待在公司的時間更長，晚上就睡客房。芝玲整個心情掉到谷底，又無法向人啟齒。憔悴了一周，最後她鼓起勇氣，找專精教牧諮商的牧師求助。

案例2

他們是在社區中心相遇的。維德去講授兩堂財務管理的課，而美英正好教

導外籍配偶中文，兩人互相仰慕，約會半年後結婚，育有二女。

維德從事國際貿易，常常跟外國人應酬，美英總是找理由不出席，因為她實在怕說英文。有時非得夫婦同時赴宴，她會故意晚到，惹得維德不高興，但美英怕丟臉，一直不敢跟先生吐露實情。

後來，有幾次維德不再找她同赴晚宴，美英一方面鬆了口氣，一方面卻若有所失。她覺得自己好窩囊，也掙扎著要不要去學英文。

幾天後，她鼓起勇氣報名英語補習班，不過由於大班制，加上自己底子不好，讓她充滿挫折感，也覺得自己好像只為了做給丈夫看而已。

菜英文，無形中成了夫妻間的禁忌話題。

後來，大伯夫婦計畫到大陸開分店，將婆婆送來同住，菲傭也跟著過來。美英靈機一動，何不向菲傭學英文？

於是，她開始亂講，沒想到對方居然聽得懂。就這樣，一來一往、天天互動，美英發現自己好像真的會講，也覺得英文沒那麼難。只是她仍然不敢在丈夫及客戶面前開口，她不斷問自己：「我為什麼這麼差勁？我到底在怕什麼？」

由於擔心影響夫妻關係，她便尋求婚姻諮商師，希望紓解困境。

原來，自己才是壓力的源頭

以上兩對夫妻的婚姻雖然尚未受到「禁忌」話題的殺傷，但是妻子卻已經承受極大的壓力。表面上看起來，壓力源是丈夫，其實卻是「宗教」及「英文」。

壓力過大時，人是很難清楚思考、理性處理事情的。芝玲認定身為牧師，感化教友，也必得感化自己的丈夫，總是以說教方式要求長仁歸隊；美英則是因為太害怕、太沒自信，恐懼英文的心結無法解開。兩人所承擔的內心壓力都很大，且無法向外人道。

研究指出，壓力大部分都是自找的，例如：自我期許較高，或是認定自己「應該」很行，或是「注定」不行。很多的壓力源是來自自己，而人們往往也比想像中更能掌控壓力，所以，丈夫若能瞭解妻子的壓力原因，願意溝通、協助減壓，當然最好。不過，目前兩位妻子都困於壓力，也已經尋求協助，不如先進行個別諮商，等她們的情緒紓解、心情平和，有能力和自己對話、與先生溝通，便是進行伴侶／婚姻諮商的時刻了。

主觀的好意和強迫，卻忘了尊重

行為學派心理學家麥新懋（Donald Meichenbaum）發展出一套自我指導訓練法，是指導案主使用合理的、健康的自我對話（自我陳述），重複一些句子並身體力行，以呈現較適切的行為。

因此，諮商師可以和芝玲一起找出她平日的自我陳述，讓她發現她是多麼強迫自己要將丈夫拉回基督身邊，讓她看到自己忘了當初的約法三章，以及因為太專注於自己的想法而忽視丈夫對她的好、尊重與寬容。最重要的是，讓她明白，丈夫並非自己教區的教友，必須尊重他的宗教選擇。

數度晤談後，芝玲終於瞭解她加諸太多的壓力在自己身上。她在夫妻關係中，牧師／基督徒的角色遠多於妻子／女人的角色，導致丈夫出現防衛、抵抗心理，進而引發衝突。

於是，她學會了自我指導，學習說出比較適應的陳述句，並且反覆演練。然後再與丈夫溝通，表達諮商前與諮商後的心境。丈夫聽完後很感動，心防卸下，願意與芝玲一起做婚姻諮商。

在諮商師引導的「心裡話」表達技巧中，長仁表示，他早就領悟到責怪任何人是不對的，包括上帝。因此，他許久前就偷偷讀佛學，尋求開悟，只是怕妻子傷心，從未告知。如今禁忌話題打開，乃據實相告自己的選擇。

芝玲雖然遭受打擊，但這次她挺住了，只拜託諮商師和丈夫陪她、幫她慢慢接受這個事實。

過多的在意和擔憂，造成信心流失

美英也是對自己沒信心，害怕被先生看輕或批評，也怕跟客戶講英文，暴露自己的菜英文。她不斷告訴自己：「我對英文沒興趣」、「反正我就是學不好」，因此，就算有學習動機，卻只是曙光乍現，無法克服挫折感。

諮商師自她與菲傭的對話切入，讓她看見自己其實能夠表達普通的會話；也讓她發現，當她沒有感受到壓力時，自信就會出現，自然放得開、講得出來。

另一方面，透過夫妻對話，讓美英知道，丈夫並沒有要她能說善道，只希望她陪同出席宴會。他並沒有嘲笑太太的英文，只是不滿她的學習態度。

諮商師最後強調，學英語是自己的事，不該只為了博取丈夫歡心；英語有沒有進步，應該是由英文課的老師來評定，而不是丈夫打分數。

晤談了幾次，英美覺得很開心。原來英文並不可怕，丈夫的反應也不是故意貶低她。最重要的是，她發現一直都是她給自己壓力，還去怪英文、怪丈夫。

以上兩位被壓力籠罩的女性，接受了自我指導訓練，學習建設性的因應，努力以健康正向的思考和行為，成功地處理了自己的慢性壓力，因而解救內心危機，同時也改善了夫妻關係，更促進個人成長。

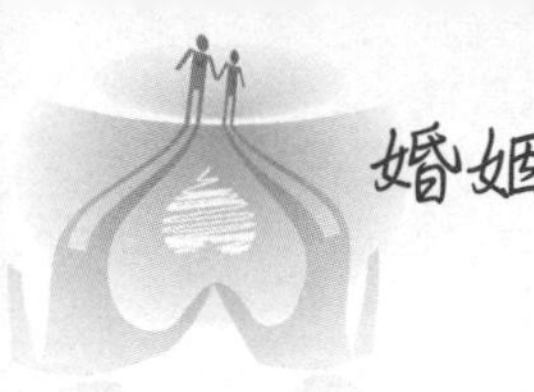

8 愛需要做，更需要說

性是生活的一部分，因此，夫妻對性的想法、期待、個人需求及感受，都需要彼此溝通。

案例1

戀愛期的性愛頻率不高，卻很激烈。住進大雄家後因父母的房間就在隔壁，他求歡的次數驟降且草草了事。大雄的父母對我客客氣氣，對我們的婚事卻不表達意見，只說年輕人要對自己的行為負責。

目前我們都還在讀在職碩士班，不過，還是決定公證結婚，只是收入微薄，學雜費必須仰賴各自的父母，所以，或許這是引發大雄父母不滿的地方吧。

大雄和我早出晚歸，下了班就是上課及寫作業。回家已晚也很累，但我仍然渴望肌膚之親，大雄卻是興趣缺缺。

我今年三十歲，與前男友的性生活是活潑滿意的，現在卻常覺得性慾未獲滿足。幾次問大雄到底怎麼了，他總是說疲倦、太晚了，或者性事沒那麼重要。我真是想不透，他明明是有性能力的男人，怎會不想做？

案例2

我和老婆談了四年的戀愛，每周到摩鐵親熱一次，婚後第一年性生活頻繁愉悅，生了老大後降為每周一次，老二誕生後為了照顧兩個孩子，老婆與兩個孩子同眠，我被趕去睡客房。我半夜爬上床求愛，她不是拒絕就是草草了事。

最近岳母北上探望外孫，順便幫忙照顧一段時間，我獨守空房輾轉難眠，向太太抱怨，她竟然鼓勵我自慰。某晚我拜託岳母看家，藉口朋友婚禮帶太太前往，喜筵沒吃完就溜到摩鐵。她沒拒絕，我因此全身舒暢，有偷情的感覺，事後她卻說以後不要再到摩鐵，太浪費了。

岳母離開後，我們的性生活並未改善，甚至降為每月一次。我才三十來歲，是活生生的男人啊！

男女相愛，兩情繾綣，渴望身體接觸。開始有性關係時，因期待、興奮、衝動、新奇與刺激，通常都是激盪、歡愉與盡興，就算有小小不滿意、小問題，也不會說出口或不好意思說。

等到感情穩定，交往時日增加，性愛已成默契，光做不談，有淪為例行公事的潛藏危機。好在結婚是大事，雙方總會忙亂好一段時間，尤其蜜月期間，性生活進入另一波高潮，直到小孩陸續出生。

「性」是婚姻中的慢性衝突，在婚姻生活各周期中以不同的問題出現。前述兩案例皆為性生活不和諧，一方很想要，另一方卻沒興趣。表面上婚姻繼續運作，衝突卻已不知不覺地潛入關係中。

性愛也需要天時地利人和

性問題的成因通常包括：**1.生物性；2.心理性；3.社會心理性**。這兩對夫妻都很年輕，身體狀況也沒問題，應該沒有生物性因素，比較像是後兩個因素所造成的困難。

「案例1」中的大雄本來性需求就不高，戀愛期沒住在一起，性慾往往經過醞釀而高漲，於是乾柴烈火，回味無窮。同居後因住家裡，一方面少了想像和期待，其次顧忌到隔牆有耳，焦慮遠超過性慾。

婚後雖然少了顧忌，卻因為工作／功課壓力及婆媳微妙關係，往往回到家就已經精疲力竭，無心無力恩愛了。

美梅感覺大雄的父母不喜歡她，主要是婚前同居，且兩人均未有經濟基礎。不過，老人家不是鐵石心腸，倘若兩人每天能撥點時間與長輩相處，幫忙做點家事，兩代關係必能改善，且在家時間多了，心情會比較輕鬆，也不會那麼累。

不過，最重要的還是夫妻間的性溝通，不要光練不說。

礙於傳統，女性比較不敢談性，也不敢表達自己的欲望。兩個人在床上相依卻疏於表達愛意，其實可以講些情話及輕度愛撫，培養性慾與心情，說出期待與感受。

為了解除大雄的焦慮，夫妻也可以偶爾去摩鐵，享受暫時的專屬空間，放

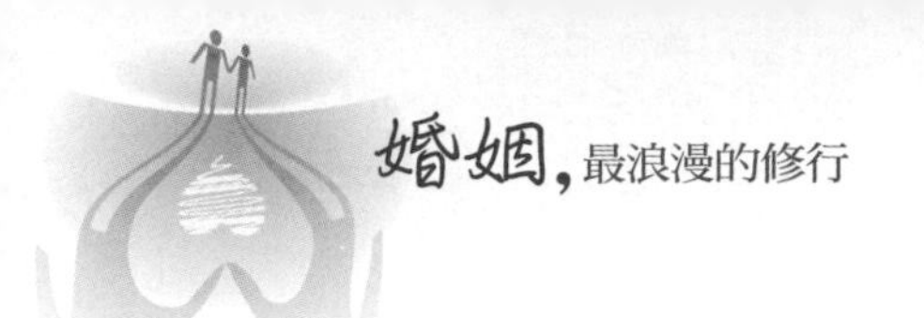

鬆身心，將功課及工作壓力以及對父母的顧忌拋諸腦後，自在地溫存，讓情慾升高，渴望彼此，進行有品質的性愛。

多了母愛，很容易就少了恩愛

「案例2」中名揚夫婦的狀況不太相同。丈夫的性需求依舊，妻子卻變了，可能是因為懷孕、生產、餵奶、照顧等為人母不可避免之事占據她的心思與時間，且因為身體疲倦而沒有太多精力與心情享受性生活。

一方面便利夜間照顧孩子，一方面也考量丈夫白天要上班，妻子乃將名揚趕去客房睡。身體距離拉遠，疏離感無形中產生，即使丈夫半夜求歡，她也不容易被激發，往往被動地配合。

名揚拜託岳母代看小孩，帶太太上摩鐵，除了尋找單獨相處空間，換個環境，的確是明智之舉。摩鐵中，彼此心情放鬆，相擁親熱，性慾很快就被挑起來。

然而回到家裡，岳母返家去了，家中有兩個孩子，隨時牽動太太的神經，

整體環境已經制約了妻子做愛的欲望與行為。要知道，夫妻間的性愛不光是動作，所謂「性生活」，可見，性是生活的一部分，因此，對性的想法、期待、個人需求及感受，都需要彼此溝通。

以名揚目前的狀況，由雙人家庭擴展到四口之家，小孩需要極度關注，家庭瑣事也愈來愈多，夫妻談的都是家務事，性的部分就會被忽略，而當性生活走下坡出問題時，性溝通成了修正之鑰。

但是，談性說愛也需要心情，名揚得分工合作，一起擔當家務、照顧孩子，當妻子感受到丈夫的關懷，心被觸動，才可能開始醞釀情慾。

優質性生活，需要質、量並重

大雄與名揚的案例是屬於常見的婚姻性問題，光靠提出訴求一方的努力是不夠的，必須夫妻雙方對問題有共識，心甘情願、同心處理，才有可能改善。以下幾個原則既能預防，也能修補，但一定要身體力行。

1. 性溝通：對性的觀念、期待、需求及感受，若只放在心中，就變成各懷

鬼胎，易產生嫌隙或誤會，需要找時機、找空間談性說愛。因此，性表達是性溝通的要素，能夠促進親密、提高情慾。

2.提供適當的環境：包括空間環境與心理環境。做愛往往要在無人打擾、無後顧之憂的自在空間內，心思放空、心情放鬆，專注於彼此身心，才能夠收歡愉快感之效。

3.新奇與冒險：夫妻每天相處同眠，家庭瑣事又多，夜晚只剩下一點點時間可以親熱做愛，當太累或是太晚時，易流於草草行事或例行公事。

性生活有可能跟婚姻生活一樣長久，既然不能換人，就只能換花招講情調，動作與姿勢並非只能一成不變，場地也並非要固定在床上，家裡任何角落，穿衣或裸體都可以，端視夫妻的創意，最重要的還是需要兩人的通力合作。

9 愛運動，可別讓婚姻結凍

夫妻並非一定要同進同出做同一種運動，重點是要能夠互相支持、鼓勵打氣。

三位熟女人妻在餐廳用餐，一邊大啖美食，一邊閒聊，還不時轉頭望向入口處。

A女：「我就知道她不會準時，說什麼上完瑜伽課就趕來，都過了半小時。我看她是走火入魔，游泳、慢跑每天來，最近還去上國標舞。」

B女：「人家是運動維持身材嘛，總比去做臉、按摩還健康！我真希望自己也有時間運動，上班忙，下了班還要管教那兩個青春期的雙胞胎，累都累死了。不過我家老劉倒是會利用下班後的空檔，每周在公司打三次桌球。」

C女：「我家老張在大學時就是籃球健將，每周必練球或跑步，當初買房子就一定要挑有健身房、游泳池等公共設施的大樓。」

B女：「那妳怎麼沒有夫唱婦隨呢？」

C女：「唉呀，我天生不喜歡運動，我們是互相尊重，誰也不勉強誰。」

A女：「我唯一會而且喜歡的運動就是游泳，還是我先生教的。我家旁邊就是社區運動中心，有室內溫水游泳池，設備齊全，我們每周至少游三次，時間湊得上就一起去，不然就各自找時間去。」

B女：「真好，老劉如果能幫忙做點家事，我就有時間可以運動。四十歲了，我也想要運動保本。」

C女：「說得也是，運動真的很重要，但我就是懶得動。老公常開玩笑說我都不動，哪天變成大胖子，他就不要我了。好在我這人天生吃不胖！」

A女：「話不要說得這麼滿，我同事她老公就是在健身房認識了小三，好在後來那女人隨先生移民澳洲，不過我同事還是耿耿於懷，夫妻常因此吵架！」

B女：「不是只有運動才會有外遇，我表妹參加小五兒子的學校運動會，

居然和兒子班上同學的老爸看對眼，發展婚外情。為此，表妹夫悔恨自己忙著工作，沒陪老婆參加運動會，才造成這樣的結果，他對兒子很愧疚。」

C女：「後來呢？離婚了嗎？」

B女：「他們一起去找婚姻諮商師。他承認自己太以工作為重，忽略妻子兒女的需求，以後會多陪他們。表妹被感動，承認自己是一時意亂情迷，願意和丈夫重新開始。」

A女：「那也要丈夫夠寬宏大量，還懂得反諸求己。這種男人不容易找啊！」

B女：「說的也是，婚姻觸礁，外遇是導火線，不過，不良的互動，夫妻都有責任，要復合也得兩人有共識、同心努力。啊，她終於來了！」

D女：「抱歉抱歉，遲到了，剛才在電話中又和我家死鬼吵了一架。他心導管手術做半年了，還說不能做劇烈運動，又嫌游泳太麻煩，只肯跟我慢跑十分鐘。上星期好不容易說服他一起上瑜伽課，報名後卻臨陣脫逃，剩我一個人去。都四十五歲了，心臟又有問題，還不顧健康，我可不想早早當寡婦，不罵罵他我實在氣難消！」

C女：「喝口茶消消氣。人各有志嘛，妳就別再罵他了，妳愈要他運動，他就愈排斥，何況沒人喜歡被嘮叨的。」

A女：「是啊，妳也別詛咒老公、詛咒自己了，我們都知道妳是擔心先生的健康，但妳這樣氣急敗壞，不也傷害自己的健康？」

運動可共享可獨樂，不該成為壓力

以上四位熟女的對話，反映出各自的婚姻狀況都還不錯，也因為各自的個性及對運動的觀點不同，夫妻互動也就不太一樣。

雖說婚姻關係重在相處和分享，但總不能二十四小時都膩在一起，還是可以有自己的朋友圈及嗜好，只是要讓對方知曉，並且適時參與一下。例如：妻子喜歡插花，丈夫就算沒興趣或不懂，可以負責接送、現場拍照。

但凡生活中所發生的事情都可以成為夫妻的談話內容，只是，當一方太專注於某個話題或議題，往往會讓對方感到嘮叨或不快，甚至成為壓力。

大家都知道，運動可以健體強身，只是有些人從小就不愛運動，到了四十歲大關，才意識到身體開始老化，也才開始注意運動並且付諸行動。

A女與先生都喜歡游泳，兩人一起去或是各自前往，可分享也可獨樂。

B女的先生利用公司設施，每周打三次桌球，一方面健身，一方面聯繫同事情誼。由於家裡缺少運動環境，加上妻子忙，也就沒有鼓勵她運動。B女本身以家為重，即使想運動，也沒主動開口，因此，運動在這樁婚姻中並不是敏感議題，而是根本不存在。

C女屬於懶得動類型，丈夫是運動健將，婚後持續以往的運動習慣，並且希望妻子能夠跟進，還半開玩笑地威脅要休胖妻，然而多年下來勸不動也就算了。兩人互動已成固定模式，婚姻關係還算穩固。

D女有空閒對運動也有興趣，積極投入。眼看著丈夫不運動，應酬又多，加上做了心導管手術，當然擔心他的健康，於是每天疲勞轟炸，盯著丈夫一起運動。這對於沒有運動習慣的老公而言，即便有心，也沒辦法在短時間內就達成太太的期待。他只好用敷衍的態度，甚至逃避。

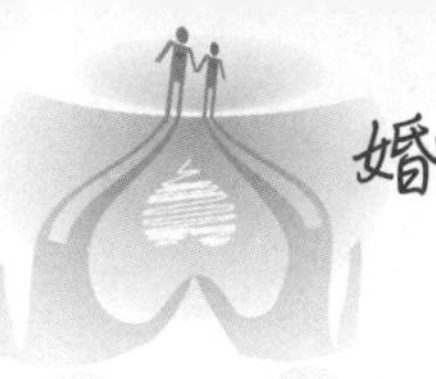

善用運動，可強身更可增進婚姻關係

並非每個人都有運動細胞，且每個人對運動的喜好項目也不同。因此，從未運動的人，得先知道自己對哪一種運動較有興趣，或是了解自己比較適合哪一種運動。

夫妻並非一定要同進同出做同一種運動，重點是要能夠互相支持、互相鼓勵打氣。例如：先生喜歡打高爾夫球，太太可以偶爾早起，一同去球場，瞭解打球規則，關心先生的球場表現；而先生則可以去觀賞太太打網球，打完後兩人一起吃個飯，相信可以聊的話題會變得更多。

只要願意運動，其實哪裡都可以，像是在住家附近跑步或騎單車，或是在家裡做仰臥起坐、伏地挺身、使用運動器材等。

D女可以引導丈夫從小型、簡單的運動入手，先列舉幾個運動項目，由丈夫自己挑選，時間由短漸長，重要的是要養成習慣。據研究表示，一個新行為的養成至少需要二十一天，如果丈夫能夠在沒有壓力的情況下，帶著嘗試的心情，加上妻子不時從旁給予鼓勵，理應會慢慢接受。

散步或許不算是正式的運動，卻是大部分夫妻可以一起進行的事。建議夫妻養成散步的習慣，兩個人相伴，一邊走路，觀看著四周花草樹木或街景，一邊聊天，此時必定心平氣和，也是溝通的最好時機，談些生活瑣事或是健康議題，甚至透過走路做為正式運動的前奏和暖身，也是一項不錯的考量喔。

10 善意的謊言算是愛嗎？

你可以在不親密的情況下擁有信任，但無法在不信任的情況下擁有親密。

案例1

結婚十年，大部分的爭吵都是因為我的先生文德太大方。我們是薪水階級，他卻經常趁我不注意，給他母親及妹妹零用錢，一掏就是兩三千，我有失血感。每次吵過後都是他道歉，說以後不會了，我也就相信他。

最近，我無意間在他手機看到好友的感謝簡訊，才知道這半年來，他每月資助這位失業朋友一萬五千元。

我有被背叛的感覺。我很生氣地質問他為什麼要騙我，他卻防衛性地回

答：「我又沒騙妳，我只是還沒告訴妳而已，何況我也只是暫時幫助他。」

我氣得和他冷戰至今，心中惶慌，不知道還能相信他什麼，也不知如何是好？

金錢議題，牽動夫妻間的敏感神經

文德早有前科，如今又在未知會妻子的情況下，按月借錢給好友，的確讓人有被欺瞞背叛的感覺。但是，當太太憤怒地質問時，文德自己心中早已有防衛，才會輕描淡寫地回答只是還沒告訴她而已。事實上，他是害怕面對妻子才不敢說。

本來好友有難，金錢幫助是最實惠的，而且也是美事一樁，但因為文德處理得不好，才會發展成夫妻間的衝突。歸根究柢，金錢議題已經成為婚姻的潛在危機，如今，連同信任危機也一起浮上了檯面。

文德一向出手大方，太太覺得他未能量入為出，才會與他爭吵。文德為了息事寧人，每次都是道歉了事，但是，兩人對金錢議題還是沒有共識也沒做出

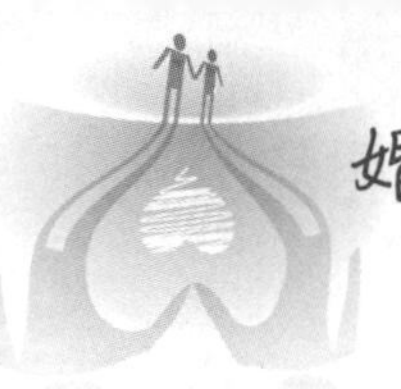

預算，這樣還是無法徹底解決問題。

或者，做太太的可以溫和地告訴文德，倘若她私下從兩人的存款中每月提領兩萬元去資助妹妹的大學學雜費，他發現了會不會生氣？藉此讓文德去感受並理解她的受傷心情。

基本上，文德的金錢用途並沒有不當，是態度及方法不對，才會變成夫妻間的敏感議題。因此，為今之計，就是雙方誠懇、開放地溝通，並且一起做出細部的財務計劃，量入為出，同時達成互相尊重的協議。當財務透明化、彼此有信任感，夫妻的感情就能慢慢回溫。

案例2

婚前我與妻子說好要做頂克族（雙薪無小孩）。她原本很喜歡小孩，因愛我而順我，但也使出緩兵之計：婚後五年另議。

我們快樂地共度兩人世界。五年時間一到，她說想生小孩，我仍堅持己見。對此，我們曾經冷戰，但因生理需求，我最後都小心翼翼地戴上保險套，

跟她軟語求饒，冷戰也因此化解。

沒想到妻子意外懷孕。我雖然不想要小孩，卻只能向現實妥協。孩子非常可愛，如今已經兩歲。上星期無意中我聽到岳母與妻子的對話，才發現原來妻子是故意戳破保險套而懷孕。我真的很生氣，有被欺騙的感覺。這兩天我都板著臉，不想跟她說話。

請問我該如何處理？

善意的謊言，仍然可能造成傷害

妻子因為太喜歡小孩而使用欺騙的手段讓自己懷孕。她這樣做是很冒險的，萬一丈夫還是不喜歡小孩且不願意照顧、教育，那她可就辛苦了。好在這位先生接納事實，並且很疼愛孩子。

只是，當丈夫發現自己是被擺布、被設計，心中當然充滿不甘、怨恨及懷疑，他無法接受妻子竟然強迫自己中獎。此種不快情緒若不抒發，長久積壓會導致心情鬱悶、脾氣變糟，也絕對會損及夫妻情感。

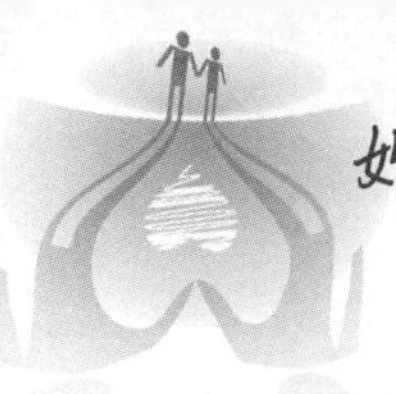

太太製造意外懷孕，並不是想要加害丈夫，而是想要生養小孩，增加家庭樂趣，其情可憫，也值得原諒。何況孩子都已經兩歲，也成為生活的重心，這時候，丈夫應該試著接納太太的過往作為，才不致於每次抱著小孩就連結到不愉快感受，甚至也可以開誠布公地與太太好好溝通，讓她瞭解他早已知悉此事和心中的澎湃不滿。

我比較建議這對夫妻去尋求婚姻諮商。

夫妻信任關係的重建，仰賴雙方的坦誠。就從主訴求者丈夫開始，他可以將自己獲知真相時被傷害的感覺說出來，說得愈多、愈仔細，妻子才能夠覺察到自己的行為是多麼自私及傷人，也才能明白，即使自己的動機良好、結果也圓滿，但手段就是不恰當，因此必須誠意道歉。

用愛的方式處理，正向情緒就會逐漸出現

「不說」到底算不算欺騙？當然看事情而定。

文德在幾次吵架過後都會答應妻子，金錢開支必先與她商量，可是卻又背

著她借大筆錢給好友。

本來說好不生小孩的夫妻，妻子卻破壞共識、違背承諾，偷偷在保險套動手腳。

對於兩位「受害」的當事人而言，都是難以接受的事實，均有被騙、遭背叛的強烈感受，也嚴重傷害了夫妻間的信任關係。

如果夫妻間經常有事不說（不論是好事或壞事）、分享太少，彼此就會愈來愈疏離，也可能產生溝通危機。

一般來說，有被背叛感覺的一方會認為自己有理，才會那麼生氣。只是，事情都已經發生了，如果能夠覺察自己的怒氣並且自問：「生氣有用嗎？對事情有幫助嗎？」進而學習管理自己的負面情緒，調整心態，用愛的方式來處理，正向情緒就會逐漸出現，也就可以進一步用建設性的思考來溝通、討論。

當關係有了裂痕，恢復信任往往需要一段長時間，尤其受「騙」的一方會有一段時日是脆弱的，風吹草動、猶豫不安，也因此忽略了生活中還存在著許多安心及快樂的時刻。所以，唯有犯錯的一方先真誠地表達歉意，並且在未來的互動中堅守承諾並努力溝通、表現，才能贏回信任。

夫妻雙方都必須勇敢面對問題，各自轉換心情、改變相處之道，互相撫慰不平、委屈及傷心。最重要的是，要讓對方確切地感受到「他／她不會再傷害我了，會陪我度過這段困難期」。

筆者曾在一本書上讀過某位案主的感慨：「你可以在不親密的情況下擁有信任，但你無法在不信任的情況下擁有親密。」

常言「危機就是轉機」，伴侶雙方身處信任危機中，更能體會親密感的可貴。因此，只要雙方均珍惜婚姻，就會有動機與動力去克服難關。婚姻中的各種狀況，有時候是無法預料的，遇到了，只能雙方共同處理、度過危機。尤其是信任議題，必須妥善處理，以後再有其他困難，就比較能同心且有能力一起面對、處理。

11 枕邊人原來是魔鬼

兩個人若真的不合適，儘早把話說開來或向外尋求協助，才能將身心傷害減至最低。

最近有兩則感情生變，男殺女的社會新聞，當然這類新聞也包括妻子不堪虐待，持刀殺死丈夫，時有所見。細讀這兩則案例，導因均為感情疏離，男方懷疑女方有外遇，產生口角，終於導致忍無可忍，毀滅對方以洩心頭之恨。

案例1

五十六歲的A君原本從事保全工作，五年前在卡拉OK店認識四十七歲的員工B女，交往不久即同居，然而A君在一年多以前失業，經濟差生活簡樸，B女開始與他疏遠。為了挽回女友的心，A君於某日清晨去接女友下班，投

宿於旅館想要換個環境溫存，卻在發生關係後檢視B女手機，發現Line中有名男子經常與之對話，質問是何許人，B女大聲回應，「我交往的對象，不要你管」，乃發生劇烈口角。

A君頓時妒火中燒憤怒滿心，竟以B女的衣帶將之勒死，自行離去，警方自監視器畫面找出線索，將A君逮捕拘留。

案例2

五十三歲的C君是混凝土預拌車司機，十多年前與小他十三歲的陸籍D女結婚，育有二子。D女懂得生財，將家中積蓄購買透天厝出租獲固定收入，然而C君一直懷疑妻子與男房仲過從甚密，時生口角。有一次盛怒之下他掐住D女脖子，妻子不堪暴力虐待，申請離婚獲准，但仍同住不同房，持續爭吵。

D女三個月前不堪其擾，申請保護令並搬出去住，C君仍然繼續騷擾。某天C君帶著預購的番刀、農藥與酒瓶埋伏在D女住處外，待其返家跟進屋內，談判未成，揮刀即砍，然後騎車逃逸。一小時後由公司老闆陪同去派出所投

案，他供稱本來只是想找前妻談判復合，若成功則飲酒，失敗就喝農藥，沒想到前妻狂喊救命，鄰居也在外踹門，情急之下才會殺人，相當懊悔。

兩個案例的背景不同，亦各有故事發展，但殊途同歸，枕邊人命喪黃泉，自己亦逃不了法網，茲檢視其共同點：

1. 年紀一大把：男主角均為五十幾歲的人，女主角均年輕十二、三歲，應是仍有幾分姿色。五十幾歲的人不知天命，欠缺修養又無法駕馭年輕伴侶，對自我缺乏信心，當感情出現危機時就只會鑽牛角尖，心中只有一個意念，「妳是我的，我要妳順我愛我，不可以有別人！」根深蒂固，無法改變想法。

當一個人有強烈的好意念時，他終究會成功，但若是壞意念時，他必走上毀滅之途。當憤怒籠罩全身時，年輕人或半百者都一樣，無法控制衝動的情緒，終至釀成悲劇。

2. 曾是親密伴侶關係：A君與B女相識至同居已有五年，而C君與D女則是結婚十幾年，均為親密伴侶，當初也是熱情激盪，卻因後來未能同心經營感情關係，激情不再，恩情也因頻繁口角而逐漸消失，A君與B女拉拉扯扯，床頭吵床尾和，而C君與D女離婚後九個月仍同住一屋簷下，藕斷絲連，直到忍無可忍，D女才申請保護令，拒絕往來。

3.經濟弱勢：保全也好，混凝土預拌車司機也好，均為薪水階級，不像兩位妻子收入較豐，何況A君後來又失業。男方均為經濟弱勢時，心理上就矮了一截，越來越缺乏安全感，深怕妻子嫌他，乃產生外遇恐懼症候群。

4.信任感不再：B女一直在卡拉OK店上班，人際關係活潑，而D女長袖善舞外向，有經濟能力本是好事，卻引起男方的猜疑，而大男人主義的強硬態度只會導致伴侶的防衛，雙方對立態度的惡性循環，使得伴侶之間的信任感無法存在，兩顆心也就背道而馳了。

5.口角頻繁：因為男方的不安全感而懷疑伴侶另有男人，他自己先丟掉對伴侶的信任，在經過猜疑、指責、辱罵之後，伴侶也對對方失去了信任，而缺乏信任感與口角頻繁也會惡性循環，感情關係就逐漸惡化了。

6.男尊女卑的心態：男女各為平等的個體，理應互相尊重，但是男方視伴

侶為自己「所有物」，一旦跟他睡過了就是他的女人，深怕戴上綠帽，傳統的觀念凌駕實質的感情之上，未能檢討自己的付出是否能被伴侶接受，反倒認定伴侶的身／心離去是她的不對，硬要佔有對方，強迫復合。

7.個性問題：因為教育程度不高，做的又是勞動服務業，自我覺察低，半百之人仍是情緒管理不佳，經不起挫折，容易與親密伴侶起衝突，產生憤怒情緒或肢體暴力，女方當然越來越覺得所遇非人，堅心求去，成為男方心中的結。

很多人會拿「愛」來當藉口，但真正的愛是「愛到深處無怨尤」，而不是「佔有不到要妳死」。這兩個可憐的女人臨死才發現枕邊人原來是魔鬼。其實自她們的立場來看，在一起時間久了才發現男人的表現不是自己所期望的，感情關係變質，感覺遇人不淑，萌生求去之心，尤其D女被掐脖子，狼爪餘生，去意堅定。這些都是人們保護自己的自然反應，卻不能見容於伴侶。她們怎麼樣也沒想到會有這樣的下場。

也有可能兩對伴侶教育程度均不高，說話不修飾，直來直往，口角時經常以惡言傷及對方，到後來說話時一觸到敏感處就引爆情緒，才會使對方失去理智，瘋狂下手。

伴侶／夫妻口角是難免的，但最忌兩件事，一為床頭吵床尾和，一為口出惡言、人身攻擊。吵架必然是意見不同，各持己見，堅不妥協所引起的，吵累了或有事得暫停，情緒會暫時平緩，但問題並未解決，等於是放下不管，到了晚上卻因生理需求而行房，表面上好像和好了，但下次遇到同樣的問題或有了新的衝突，則問題會越積越多，終究有一天有一方不肯再讓對方碰觸，至翻臉成仇。

吵架時雙方對峙，負面情緒源源而出，眼中只有做錯事的對方，憤怒的時候新怨舊仇全部湧現，巴不得以最毒辣最尖酸的字眼攻擊對方，而女性通常較男性擅用攻擊語言，容易招到暴力。

當伴侶／夫妻發現越來越難相處，就是彼此原形畢露的時候，此時感情關係／婚姻就開始亮黃燈了，但通常都不以為意，以為吵過就算了，就像人們開

車，以為闖過黃燈就沒事了，其實經常闖黃燈的人闖紅燈肇禍的機率非常大，伴侶們亦然。因此一發現關係不對勁，就得提高警覺，有危機意識，運用心理戰術，懷柔政策來對話溝通，不可吝嗇言語，說得越多，有理有情，對方才聽得進去，吵嘴只會堵塞溝通與理解，置之不理或冷漠以待就會累積怨氣，且隨著時日滾成仇恨。

有一方發現彼此不能再相處下去，絕不能貶低對方，另結新歡，急著分手，尤其當對方不肯放手時。

「案例1」的B女既要與A君分手又要和他去旅館溫存，給對方帶來希望，然後又因手機被對方檢查而暴怒口出絕言，表明另有交往，使得A君的希望破滅，在全有或全無的二元論觀念中引起殺機，走向全無的毀滅之路。

「案例2」的D女其實與C君已經分手了，後來她可能因為害怕C君再使用暴力，所以不想理他。當他尾隨進屋要談判復合時，最好能穩定對方的情緒，不要害怕，虛與委蛇，先平復他的怒氣，再怎麼樣C君也是孩子的爸，兩人不再做夫妻，可以做朋友，也永遠是孩子的父母，總之就是要動之以情，不要急著趕他走，好言好語陪他聊天，才能躲過一劫。

人是有感情的動物，正向情緒得在正向的環境中產生，因此伴侶應盡量創造正向環境，如笑臉相迎、輕言細語、不輕易動怒、講理講情，也從對方立場來設想。當伴侶關係中已經有太多的負面情緒，那就表示雙方漸行漸遠，有一方或雙方不肯努力，或者兩個人真的不合適，則選擇好聚好散，儘早把話說開來或向外尋求協助，過程中要注意自身安全，才能將身心傷害減至最低。

12 牽手十年，聚散依依

結婚年數的長短與婚姻幸福與否並不相關，並非結婚愈久婚姻關係就愈穩固。

人人稱羨的好萊塢A咖夫妻：曾獲得奧斯卡最佳男主角的小班，以及美麗的明星妻子珍妮佛嘉納，在謠傳婚姻不和數月後，終於在剛度過結婚十周年紀念便宣布離婚。

銀色夫妻能維持十年婚姻且生了三個小孩，的確不容易。然而各人有各人的問題，加上拍片忙碌，聚少離多，親密感逐漸減少。雖然他們為了挽救關係，持續上了幾年的婚姻治療課程，卻因為小班嗜酒愛賭，嫌隙愈來愈大，終究還是無法挽回婚姻。

人生能有幾個十年？夫妻共同生活十載，理該很瞭解彼此，深知對方的優

缺點，如果能互相調整、適應，就可以繼續攜手走人生大道。但也有人過不了七年之癢或其他問題，拖拉了幾年後分道揚鑣。

為什麼婚姻命運會如此不同？當然還是事在人為！

案例1

克嵐不顧父母反對，愛上大她十四歲又離過婚的警官王君。兩人言明不生小孩。她支持丈夫的人民褓母生涯，而王君也尊重她的藝術興趣，兩人一邊磨合一邊享受婚姻／家庭生活。父母看他們如此緊密，也就逐漸接納了警官女婿。

結婚十周年的前夕，王君因公中槍受傷，左小腿須截肢，這一躺就是幾個月，加上復健及裝義肢練習行走，整整一年多的時間無法工作。王君當然是沮喪、挫折及陰鬱，有時沒好臉色，還好克嵐總是從病人的立場思考，所以不生氣也不嫌麻煩，還不斷地鼓舞打氣、用心照護。

王君決定辦退休養傷，克嵐則是關閉小畫廊，賣掉藝術品來支付生活開

銷。她總是告訴先生：「別擔心，現在義肢很先進，你的腳慢慢可以行走，而且我就是你的腳，有我在，你要去哪裡都可以！」

王君被深情感動，咬緊牙根忍痛復健，果然兩個月後就可以緩步行走。加上右腳沒事，還是可以開車，生活很快又恢復正常，於是他們決心一起去醫院當義工，幫助截肢病人做復健。

案例2

林志因近水樓臺，愛上隔壁部門的千花。林志喜歡聽千花滔滔不絕的生活分享，而她則愛上林志的智慧、沉穩及溫文儒雅。儘管林志的母親不喜歡千花，他們還是結婚了。

婚後兩人一起到美國，林志攻讀碩士，千花生下兩個女兒，在家相夫教子並幫先生打英文報告，生活忙碌而充實。

林志學成歸國後，在政府部門上班。千花掌理家務，嚴格管教小孩，家中必須纖塵不染，東西用完後一定要歸位。但無論小孩或丈夫，都很難做到她要求的標準，於是千花不斷地嘮叨、責罵。儘管她飯菜美味，生活也照顧得無微不至，但女兒怕她，丈夫也不想和她多說話，父女三人倒是很親。

千花看在眼裡很不舒服，她發現，不知什麼時候開始，夫妻不再談心，也三年沒有性生活。好強的千花藉口睡眠不好，搬到客房，林志卻也沒來找過她。千花忍不住懷疑丈夫可能外遇。

結婚十周年的前一個月，大女兒來求千花讓爸爸留下來。原來林志想要離婚，經由女兒轉達。

千花一氣之下立刻簽署離婚，只要求五百萬元，兩個女兒歸先生撫養。

女兒們哭得很慘，林志也非常難過，沒想到十年夫妻走到「相敬如冰」，但是他真的不想回頭了。

紅毯上，有玫瑰，更有考驗

「案例1」中的夫妻並非沒有爭執，只是兩人都認為相識相愛是緣分，值得珍惜。而且交往之初，克嵐早有心理準備，知道丈夫的工作具高危險性，萬

一遇到了，只能認命接受，但不能自暴自棄。

王君出意外後，意興闌珊，情緒也異常不穩定。面對夫妻關係緊張，克嵐知道這是婚姻的真正考驗，也瞭解病人太專注於自己的痛苦而無法看到親人對他的苦心及無微不至。她咬緊牙根，忍受丈夫的脾氣與牢騷，笑臉相迎，內心並不斷地自我喊話：「如果要幫助他，我就不能被他激怒，不能亂了陣腳。」「我一定要好好對待他，以後的情形一定不會比現在更糟。」……

克嵐的個性及正向思考的態度，加上穩固的感情基礎，刺激也感化了王君，兩人終究通過嚴峻的考驗。

「案例2」中的夫妻會走上離婚一途，並非千花一個人的問題。

千花愛夫愛女、相夫教女，對家庭貢獻極大。夫妻往往結婚幾年後才會完全顯露本性，千花的挑剔個性，林志在恩愛之時順著她，逐漸不認同卻默默忍受。他不反抗也不回嘴，冷淡相待，卻把所有的熱情都給了女兒。

好強的千花因此搬進客房，原本想用消極的方式試探丈夫，其實這卻是最不明智的方法，因為林志已經心冷、沒性趣，但也因此導致千花誤以為他另有新歡。

其實幾年前，這段婚姻就已經是靠兩個女兒的存在而勉強維持。到了結婚十年，林志覺得千花已經不是他認識的人，他太專注於自己的心靈孤單與身體寂寞，決心捨棄婚姻，卻沒有從太太的角度來為她設想，其實她的苦楚一樣多。

林志與女兒結盟，以為她們能懂他、支持他，然而他錯了，孩子們都希望有一個完整的家庭。結果，媽媽賭氣簽離婚證書，雙親家庭就此瓦解！

婚姻路，用心、情、理去鋪

婚姻是很複雜的生活、人際關係及心理糾結，結婚年數的長短與婚姻幸福與否並不相關，並非結婚愈久婚姻關係就愈穩固。

因戀愛而結婚，前一兩年都會是很快樂的，問題和困難通常是在婚後幾年才慢慢浮現，且每個家庭不同，每一位伴侶對困難／問題的詮釋與應對，亦不相同。

每個人在婚姻互動中都受到許多因素的影響，例如自己父母的婚姻狀況、原生家庭的生活經驗、個性養成、各種價值觀及成長經歷等，錯綜複雜，有時連自己都不瞭解自己。因此，在婚姻諮商中，就要鼓勵伴侶去做個別諮商，先整理自己的過去，瞭解及接受現在的自己，才能順利地進入伴侶諮商／婚姻治療。

「案例 1」的克嵐與王君之間並非從來沒有問題，尤其王君受傷後狀況不少，但克嵐正向的態度影響了丈夫，他們培養化解衝突的能力，努力處理婚姻中的各種問題，因而享有恩愛的生活。

另一個案例中的千花與林志，也是背負著許多過去的影響，不肯溝通、分享，造成對峙，他們才是最需要接受個人諮商及伴侶治療的典型，若能及早尋求婚姻諮商，追求自我及同步成長，婚姻或許還有挽救的可能。

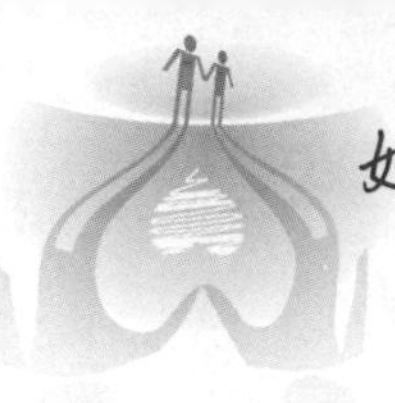

13 家務事是「誰的事」？

雙薪時代，當夫妻都主外，那主內的責任歸誰？家庭是由夫妻共同組成，家務事當然應該夫妻共同負擔。

案例1

王太太是會計師，結婚六年，育有兩子，平時工作忙碌，報稅季節更是忙翻了。王先生是「女主內」的信奉者，常要妻子做這做那的，總是有做不完的小事，他自己則經常待在圖書館看雜誌或是在家上網。

平常，家事是王太太一手包辦，王先生只負責接送孩子往返褓姆家。其實，從事行政工作的王先生上下班時間很固定，有許多時間可以協助家務，相對於妻子的工作滿檔，理應幫更多的忙。也因此，累積多日之後，王太太終於申請員工諮商，向諮商師訴苦。

張太太是國中老師，兩個孩子都已經上小學，她便開始規劃自己的生涯。因為想當國中校長，於是考在職碩士班，並被錄取。

當初丈夫以為她應該考不上，並未反對她應試，現在眼看著就要開學了，生活即將面臨變化，先生不斷地提醒她，家事及小孩可都還要照顧好。

其實張先生平日也會幫忙家事，但是他不善於下廚，也沒耐心督促孩子寫功課。想到這些，張太太還沒開始上課就擔心以後自己可能會累垮，也怕因此影響夫妻感情。壓抑好一陣子，她下定決心找輔導室同仁好好談談。

小小「抱怨」，往往潛藏著大大不滿

以上兩個案例，聽起來都像是妻子在抱怨先生，並非嚴重的婚姻衝突，但還是值得注意，畢竟太太的情緒已經大受影響，也造成心理壓力，若不及時紓解，未來有可能釀成大災難。

在婚姻生活中，如果有一方的不滿沒被重視，就可能進而形成兩個人的不滿，這時，夫妻感情也就容易生變。

雙薪家庭中，夫妻的職涯往往因為擔負重任、升遷，或是在職進修而更形忙碌，加上孩子日漸長大，學業、才藝，更多的活動，增加了父母的工作量。偏偏家事無法避免，這時，夫妻理應分工合作，互相體諒、支持，並且多利用資源，像是娘家或婆家來協助孩子課後安親班、才藝班的接送，或是請鄰居幫忙等。另外，無論多忙，也要開始訓練孩子做家事、管理自己的起居，依年齡大小給予不同的任務。

一起主外，也要共同主內

「案例1」的王太太非常能幹，工作繁瑣，下了班還家事一手包辦，讓先生覺得任何事情到妻子手上都沒問題，於是放心寬心，即使有時聽到妻子抱怨，也沒當一回事。他一心投注在自己喜歡的事情，將所有瑣事全丟給太太，完全沒有顧到太太的感受及休閒需求，當然也就感受不到她的壓力。

王太太的不滿已經到必須宣洩的程度，除了透過諮商，消化負面情緒之

外，也需要學習與丈夫溝通，並且改變家務處理的模式。雙方要能夠坐下來，用紙筆細列出所有家事，包括：家庭雜事、例行生活瑣事、突發事件（如孩子生病、汽車送修、加班等），討論出適當的工作分配及時間管理等。趁此機會，也可以讓丈夫看見並真正感受到家事的繁瑣，以及時間用度。

抱怨是王太太負面情緒的自然流露，但聽在先生耳中，久了就變成嘮叨，被當成耳邊風，這是王太太要自覺及注意的。

夫妻能達成分工合作的協議，是好的開始，但舊習難改，王先生可能有時會忘記協議，又叫太太做一些他自己可以做的事，這時王太太的態度很重要，千萬不可以表露不悅或責怪他，試著溫柔提醒，這是他的「分工」，或者開玩笑地說：「我真希望能再多出兩隻手來，不過，我還是想借你的兩隻手來用。」耐心及愛心，是打敗抗拒的法寶。

「家變」，更需要理性溝通、攜手面對

「案例2」的張太太教而優則仕，是教育界很多人的生涯目標，而且進修

也是好事，既然已經錄取，就應該好好抓住機會，勇往直前。中年返校讀書，不比年輕學子無憂無慮，婚姻關係、家庭責任，都必須兼顧。只是，還沒開學，張太太卻因為先生的一再提醒而開始憂心，充滿負面情緒，自己先亂了陣腳，不知如何往前走。

丈夫本應是支持、協助妻子進修的最佳人選，但張先生似乎支持不足，只顧著從自我需求來跟妻子反應。聽起來他是一個害怕生活脫離常軌的人，對於太太這兩三年的進修計劃沒有安全感。他太習慣、依賴妻子的打理，也因此，當生活作息可能因為太太的進修而受到影響，他的不安與擔心是可以理解的。

其實張太太不需要因為丈夫反對而擔心害怕，不妨先同理丈夫的不安，安慰他只要兩人通力合作，改變不會很大。其次，孩子也是家庭的人力資源，可以訓練他們做簡單的家事，從幫忙洗菜、洗自己的碗筷、擦桌子、整理自己的房間開始。而當太太去上課時，做先生的督促孩子寫功課或陪同看電視、打球等，也可以提昇親子互動和情感，理應高興。

「時間管理」是張太太即將面對的重要議題，如何利用零碎時間看書或做家事，如何事半功倍地烹煮食物，最重要的是，表達對丈夫願意支持和協助的感謝。

別讓家務事來壞事

一般而言，結婚初期，基於對丈夫的愛，太太都會積極做家事，等到孩子生下來以後，瑣事增加，加上工作責任也加重，常有蠟燭兩頭燒之感，但又捨不得放棄工作，自然就會期盼先生能夠分擔家務、照顧小孩。大部分的丈夫都會應妻子要求，多多少少做一些，但也可能達不到太太的標準和期望，致使太太心生不滿。

美國曾經有一個夫妻家務分工的調查，即使是雙薪家庭，丈夫還是認為女人比較會做家務，所以大部分交由她們負責。不過，當被問到分擔家務的百分比時，男性會說自己幫忙七十%的家事，也有少數人填答八十五%，但太太們普遍認為丈夫根本做不到五十%。可見夫妻的認知頗具差異。

婚姻／家庭生活是有週期的，三十幾歲的夫妻正面臨孩子逐漸長大，自己工作的轉換或突破，這個階段，個人有許多心理轉變與掙扎；此外，夫妻的激情轉平淡，要處理的大小事卻增加，許多的不滿往往會偷偷闖進一方／雙方的心裡，影響婚姻品質。萬一無法彼此坦承感受與期待，冷戰或出軌就有機可乘。這也就是為什麼婚姻滿意度在婚姻研究中占很重要的項目，夫妻若能瞭解婚姻／家庭的不同週期，以及可預見的困難，早早討論溝通，互相體諒及支持，就可以避免困境，維持感情溫度。

14 化差異為互補，婚姻更幸福

親密的婚姻關係，是尊重彼此，享受相似的契合，化差異為互補。

「老師，我和我男友一天到晚吵架，他喜歡的我都不喜歡。我們倆差別這麼大，還要繼續交往嗎？」

「老師，我們個性相似、喜好相近，我常覺得我一下就看透她了，好像沒有什麼新鮮感，再交往下去，可以結婚嗎？」

我常被學生或學員問到交朋友談戀愛，是個性相似好，還是性格迥異較佳。我則常說這是沒有答案的，就如同被問蘋果好吃還是橘子美味，端看個人的口感及喜好，重要的是懂得嚐出它的特殊甜美。

不論是相似、大不同或互補，戀愛時總是表現各人最好的一面，而且盡量順應對方，親親密密、你儂我儂。等到結婚後，生活安定，兩人之間的不相容性悄悄出現，此時，原本欣賞的對方優點變成理所當然，缺點或差異處就成了指責的把柄，彼此開始歸咎個性不合，並且漸行漸遠，最後婚姻產生了大危機。

案例1

我和文德是大學同班同學，熱愛文學、熱衷寫作，互相鼓勵，經常討論書報文章或參加研討會，是公認的文藝情侶。後來文德進了新聞研究所，我在原校讀中文碩士班，交流所學、分享觀點。我必須承認，求學期間我們真的是神仙伴侶。

畢業後，他從事新聞工作，我在某大雜誌擔任主編，我們也組了家庭，忙著實現婚姻藍圖及人生理想。他的工作愈來愈忙，在家說話愈來愈少，對孩子無為而治，對我則相敬如賓；我自己也是忙孩子忙家務忙工作，沒剩多少時間給他，尤其當他參加每月一次的佛學研究會時，我都無法跟去。

有一天，他突然說要跟我離婚，因為他要出家了，為了我的幸福，他要我帶著孩子改嫁。真是晴天霹靂，明知我們相似又相愛，他卻因為要出家而把我丟在紅塵。

一夜之間，他變成陌生人。早知道現在會背道而馳，又何必有當初的相似？

案例2

當初我被他性格的外型、高大的身材，以及特殊職業所吸引。他話不多、穿著普通、忠厚老實、做事仔細又周到；相對於我的個性外向愛說話、笑口常開、全身充滿活力、能吃能睡、不記隔夜仇（這是他的形容）。我們有點像是兩個星球的人，卻互相吸引，雖然戀愛時我說話的時間三倍於他，還是感覺有說不完的話。

他是飛機維修工程師，三班制工作，結婚後我才嘗到苦頭。他上小夜班，下班回家時我已入睡；他輪大夜班，早上到家時我已到辦公室。身為公司的產品經理，我有時得加班或出差，只有他上正常班時，我們才有共同時間生活或約會。

慢慢地，我對他的工作不再好奇，視他為高級黑手。他回家很累，總想待在家中，而我下班之餘卻很想逛街購物看電影。他認為我聒噪又心不定，孩子丟給同時看顧八十四歲公公的菲傭照顧，所以他就更想留在家中陪兒子和老爸。我覺得他瑣碎而怪異，不近人情、不說美言。因為心靈的疏遠，性生活也久久才一次。

我常在想，我倆差異太大，當初以為是互補，現在變成兩條平行線，繼續延伸卻無交集，也許當初應該找裡外均般配且個性相似的對象結婚吧。

戀情甜蜜，不表示婚姻一定美滿

雖然「好的開始是成功的一半」，但並不能套用在以上兩個案例的婚姻。

不論個性是相似或差異，都是美好的開頭，是吸引彼此的一種特質，爾後的婚姻生活還是得靠夫妻倆不斷磨合、用心經營，以及耐心且同心地面對生活中的大小困難，享受努力及愛心的成果。

所謂相似性高，也要看何種相似性。喜好、厭惡相同，的確較好相處，例如喜歡吃麵食或牛排、愛打網球、欣賞大陸古裝劇或韓劇、關心財經動態等，但若兩個人都內向或脾氣暴躁，互動起不了火花或經常吵架互罵，婚姻也是很難走下去。

每個人的人格特質至少有一百五十種形容詞，正面的如熱心、上進、幽默、樂觀、仔細、體貼、觀察入微、深謀遠慮等，而負面的就如自私、陰鬱、自大、懶惰、太敏感、沒信心、冷漠、悲觀等。男女剛認識時，只在對方身上看到自己欣賞的特質，而初始的互動也不可能將雙方的人格特質全展現出來，通常都在婚後幾年，日常生活緊密之後，個人的差異特質才一一浮出，成了兩人互相磨合的關係課題。

每個個體都是獨特的，兩個人一起生活，相似性及差異性的特質都會在互動中起作用，有些可以改變，有些則很難改變，端視夫妻如何順藤摸瓜，運用相似性並互補差異性，釋放出相容性。

分享相似、交流互補，相看兩不厭

「案例1」中的夫妻的確曾經有過神仙眷侶的生活，如此投契、真心相愛。十幾年後夫妻不是不愛了，而是太太被生活俗事所困所忙，先生的佛學境界則愈來愈高，兩人從相知相容，逐漸變成心靈疏遠，人生目標不同。先生執意出家，但因愛妻太深，所以用離婚讓妻子可以有第二春，只是這是他一廂情願的想法，卻深深傷了妻子的心。出家是攔不住，但離不離婚、再嫁不再嫁，則是她個人的決定，一旦他走出了這個家這個婚姻，一切就與他無關，兩人再也沒有相容性了。

「案例2」的夫妻，剛開始時因彼此的差異而強烈吸引，是有互補的意味，女的說話，男的靜靜聆聽，而男的談工作狀況，女的也一定豎起耳朵專心聽講。女生要求去哪裡玩，男生必順應，再加上身體本能的吸引，當然就陷入熱戀，感覺彼此的相容。

愛情本應持續於婚姻中，但兩人各忙各的，且生活作息不一致，聚少離多、分享不足，生活中有欠缺，心理上感到疏離，妻子的外向就更外向，內向的丈夫則愈宅了。他們對彼此的職業，不再好奇及佩服，有點像是原形畢露，也真的成為來自兩個不同星球的男女，不再相容。

老夫老妻有時會被人說是有夫妻臉，這其實是恭維。夫妻相愛，生活在一起久了，舉手投足很相像，說話的方式及口氣也差不多，對許多事情的看法也相去不遠，也就是說，他們經營婚姻的道行已很高，接納無可改變的，改變可以改變的，且尊重彼此，享受相似的契合，化差異為互補，進入了相容的境界。因此，相容等於相似加互補，一段感情關係、家庭生活，一路走來不容易，宜多加珍惜。

15 命「孕」不由人

孕不孕由不得人，但要減低壓力，就得靠夫妻共同努力。

案例1

A女婚後兩年未孕，兩家親友及同事們經常關心詢問。A女不是微笑帶過，就是輕描淡寫地表示：「現在還沒有生小孩的計劃！」

沒人知道她內心的掙扎，原來丈夫很早就斬釘截鐵地宣告：「我不想有小孩牽絆，要生妳就自己帶。」

為了和丈夫「快樂」生活，她過了兩年戰戰兢兢的避孕生活。她是真的很想要小孩，好幾次想偷偷停掉避孕藥，但又沒勇氣自己帶孩子，也擔心孩子不被疼愛，更怕觸怒丈夫，傷及夫妻關係。幾次因此議題起衝突後，她只能壓抑自己的渴望。

案例2

B女與男友歡喜步上紅毯，但是婚後性生活卻令雙方失望，丈夫數度未達陣，B女也因疼痛而害怕行房，於是慫恿丈夫以替代方式進行。雙方雖有感官上的愉悅，但丈夫卻暗自感到遺憾。

一年後，婆婆等不及，總是追問為何還未懷孕。起先丈夫還會幫著說話，然而小倆口子覺得為了性交疼痛而看醫生，是很丟臉且難以啟齒的事，也就一直拖著。

有一天，丈夫因為不滿意這樣的性生活而向母親告知事實，婆婆因此大怒，慫恿兒子離婚再娶，於是母子倆聯手逼B女離婚。B女傷心又無助，跑回娘家哭訴，這才由父母帶去看婦產科醫生，原來是陰道痙攣。

案例3

C女婚姻幸福，夫妻倆致力工作，三十五歲便有房有車有積蓄，於是決定生小孩。試了三年未孕，做了幾次人工受孕未果，兩人都很沮喪。

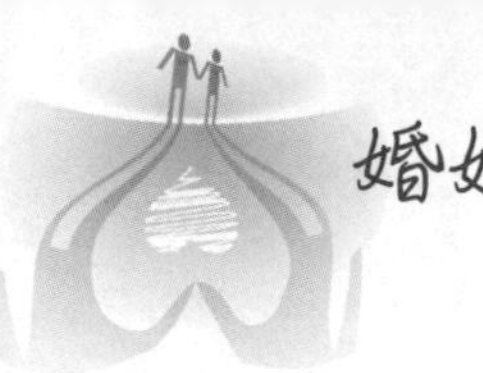

由於丈夫很想要孩子，乃萌生領養小孩的念頭，但C女堅決反對，她還是希望自己生。

丈夫公司的同事F女剛離婚，常向他訴說苦悶，兩人意亂情迷下有了親密關係。兩個月後F女發現懷孕，C丈夫才醒悟事態嚴重，堅決要她拿掉孩子且未陪同去醫院。F女黯然辭職，赴澳洲投奔父母。

此時，C女決定放棄懷孕，同意領養小孩，但C丈夫卻因遺憾自己的骨肉無法誕生而拒絕領養。不知情的妻子責怪丈夫出爾反爾，兩人從此衝突迭起。

案例4

D女結婚兩年，沒有避孕，卻一直未見動靜。她擔心自己成為高齡產婦，即使丈夫表示不急，還是主動求醫。檢查結果只需要調養身體，於是她按時服藥，天天量基礎體溫，繼續「做人」。

小倆口感情好，常會互相傾訴壓力，也會溝通討論，兩人針對生育一事做出的結論是：一切正常進行，但放鬆心情、聽其自然，如果真的生不出來，也沒什麼大不了。

兩人的事，變成眾人的事

舊時代的觀念總認為結婚就得趕快生小孩，兩個孩子的年紀差距不要超過三歲。但現代社會，年輕人結婚的時間有早有晚，有人二十出頭就先上車後補票，帶球進禮堂，不過，大部分的人還是會等到感情深厚、工作穩定，才決定結婚。

年輕夫妻本來就可以決定生或不生，以及要生幾個，但往往因為家人長輩的傳統觀念而受到外來壓力。這種情況下，對於想生卻生不出來的夫妻，更是有苦說不出。歷來，有沒有懷孕，好像都是女人的責任，做妻子的總是承受比丈夫還要多的內外在壓力，因此，除了上婦產科做檢查之外，許多女性還會找婚姻諮商師，想要紓解壓力、緩和家庭關係。

諮商師當然無法幫助婦女受孕，只能透過諮商對談中，盡力找出不孕的可能原因。至於諮商的議題，則是從個人內心，至夫妻感情、家庭成員關係，範

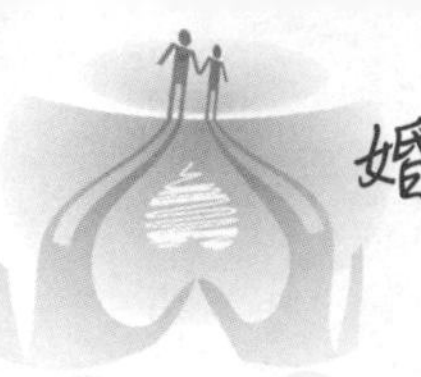

圍可大可小，因人因事而異。

以A女為例，在夫權至上的婚姻中，她的確受苦，原本婚前就該有共識的重大議題，不知是絲毫未曾討論，還是A女以為丈夫婚後就會改變主意，也就是說，婚姻藍圖並不是兩人一起規劃。

至於C女，夫妻兩人在性方面的知識及溝通非常少，加上母子關係比夫妻關係還緊密，致使B女成了家庭罪人，含冤離婚。

C女原本婚姻和諧，卻因不孕而衍生夫妻意見不同，丈夫未能理解妻子的挫折及沮喪，反而向外尋求安慰。表面上婚姻繼續運作，但是，不孕及領養的敏感議題，已經橫在兩人中間。

D女和丈夫都希望有小孩，但是不強求。女方積極看醫生、吃藥調理身體，丈夫殷切關懷，兩人口徑一致對外。

生育重要，夫妻情感更不容忽視

其實不孕不全是女性的責任，也有男性因精蟲稀薄或其他生理原因，導致妻子無法懷孕。

孕不孕由不得人，但要減低壓力，就得靠夫妻共同努力。茲就預防及處理壓力，分點說明：

1.婚前輔導：由婚姻諮商師引導討論各自的生育觀，深入交換意見，瞭解彼此並且協商，以達成共識。

2.婚前健康檢查：雖說年輕人的健康大都沒問題，但要生小孩，婚前健康檢查還是很重要，若有問題及早醫治，才能提供胎兒良好的發育環境，若是不孕，也可以及早發現。如果一方堅持非要子嗣不可，這時，也可以重新做決定，總比婚後再離婚來得好。

3.建立自我信心：生育只是人生的一部分，人生難免會有欠缺，能不能生，並不減損個人價值。因此，千萬不要因為不孕而自卑，不要因此而給自己太大的壓力。

4.重新架框：心理學家艾里士說：「妳／你會『想要』生個小孩，但妳／你不一定『需要』生個小孩。」沒有小孩雖然會有欠缺及渴望，但想想，有孩

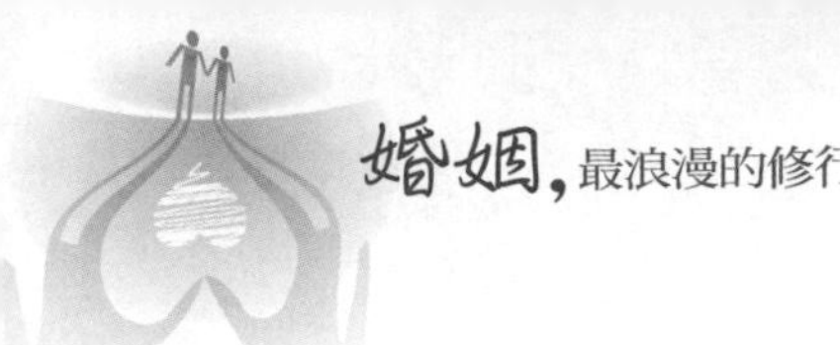

子，麻煩擔心的事情更多。如果真的無法生育，不如開心當頂客族，兩人賺錢兩人花，樂得清靜。

5.婚後共識：若婚後才發現一方不孕或不肯生小孩，雙方的協調就得經過多次溝通、盡量磨合。只要有深厚的感情基礎，各面向就容易走得順，透過不斷地交換生活哲學與人生價值觀，取得共識，才能槍口一致向外。

6.溝通技巧：學會了溝通技巧，且心裡有底，對於生育議題就沒那麼敏感，在措詞、態度上也就能拿捏得中肯、客氣且自然。

歸根究柢，夫妻的感情還是最重要的。就算育有子女，最後還是兩老相伴相依。至於沒有小孩，比較需要看得遠，年輕時專注於彼此，除了伴侶、朋友的角色之外，更要將對方當成大孩子來疼愛，紮下深厚的感情基礎，中年時才不會有空巢感，晚年更不用為兒孫擔心，成為人人稱羨的神仙伴侶！

16 走出婚姻難回頭

與其與不合適的人一起過，還不如單身過自己的日子，一樣可以幸福開心。

案例1

離婚四年，兩個孩子住在中壢娘家，我住在台北公司宿舍，周末才回去娘家住，和孩子們相聚。父母一向很喜歡我前夫，認為我不應該因他出軌就離婚，他們當然不瞭解我們之間十年的恩怨，更不知道前夫的輕浮色心。我已不跟前夫說話，他要探視孩子就發訊息給我，通常都在週末，然而父母都會留他吃晚飯，回家一看到他我心裡就三把火。

爸媽認為孩子需要見父親，且認為他們本身與前女婿還是姻親及朋友，現在這三個大人還真熱絡，居然還有話聊。我請前夫帶小孩出去玩，別待在我娘

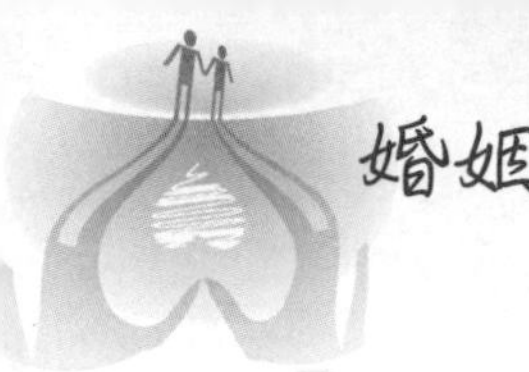

家，爸媽說我不近人情，所以我現在都在宿舍多住一晚，星期六晚上等前夫走了才回娘家住兩晚。我在懷疑我這樣做真的不合情理嗎？

案例2

因家暴離開夫家，如今保護令已取消快兩年了，目前因小孩與丈夫互動還不錯，為了孩子好，很想回夫家，但以前因婆媳及大小姑問題，又加上雙方親家不和才導致家暴問題，也因當初家暴報警，夫家很不高興，全怪罪到我身上。丈夫很孝順，就是不肯搬出來，如今都是我去看孩子，還得看婆家人臉色，很累。

問過丈夫可否回去，他要我先別回家，怕又有問題，但拖了好久，他也沒離婚意願，主動提離婚似乎不利，加上我憂鬱症再度復發，正在治療中。我情緒因探望小孩而開心，也開始接觸宗教信仰，甚至做些零工賺取生活費，因先生給的生活費不多。回到娘家住，除了爸爸沒人支持，我感覺好無助，人生無趣！

以上兩個案例都是婚姻受害者的告白，走出婚姻，不再與那個不會體貼不知珍惜的男人生活，婚姻中的問題不再存在，新的煩惱卻出現。原本是要過新生活，卻被新問題攪動得不安、焦慮，甚至鑽牛角尖。負面情緒已經積得很滿，快要不能負荷了，乃萌生求助於婚姻諮商之心。

以A女的狀況而言，也許旁觀者會覺得她小題大作，既已離了婚，就無夫妻之情，而前夫探視孩子也是應該的，她何必因躲前夫而犧牲自己與孩子多相處的一個夜晚呢？只是A女的確在婚姻中受了很多委屈，受盡煎熬後離婚，決心將丈夫趕出生活，試圖忘卻過去的不愉快，希望斷得乾乾淨淨，以開始新生活，因此她一千萬個不想見到前夫，以免勾起傷痛，這是可以瞭解的。

A女很努力地在過新生活及復健自己的心情，只是成人子女的婚姻解組對於娘家婆家來說也都是不容易的，先前建立好的親情友情要重新調整。雖然原生家庭通常都會主觀地衛護自己的子女，對離異的伴侶沒好臉色或有敵意，但也有像A女的父母之人，疼愛孫子也尊重前女婿，也許他們具有傳統觀念，「男人出軌是可以原諒的，只要他把家顧好就好」，所以他們希望能維持成人友誼並促進父子親情。而前夫可能也因感動於前岳父母的接納與善待，以及溫暖對待，互動良好。

孩子養在娘家，前夫與孩子及娘家父母相處愉快，A女應覺得欣慰，何況前夫並未糾纏或騷擾前妻，他真的是去探望小孩、問候前岳父母，因此A女可以用正向思考來接納此事，理想而言，離婚夫妻若能一起與孩子相聚，也是一種典範，夫妻做不成還能做朋友，也能給孩子心靈上的完整感，但現實生活中，人有太多的情緒，很難達到此境界。

因此，A女在同意前夫週末探視的時間不要出現即可，她週五留在宿舍晚一天回娘家的決定，對她離婚後的調適目前是有助益的。晚一天回去看孩子，固然少了一些與孩子相處的時間，但她壓力減低，心裡會舒服些，而且讓父子單獨相處，他們也會自在些。

離婚四年，A女離婚後調適並不良好。一般而言，兩年是調適期間，她拖到現在才求助於諮商，為時並未晚，只是她自己已經忍受太久了。離婚後調適的最高境界是原諒、寬恕、觸景不生情，及因孩子福祉而成為淡如水的君子之

交，這當然需要時間、認知完整及領悟，A女可以一步一步地走向心理健康，順暢人生。

A女與娘家的關係密不可分，所以她必須與父母溝通，表示尊重他們與前女婿的情誼，只要他是真心對待兩老。但也請父母尊重女兒的感覺及決定，不要再嘮叨女兒小心眼不近情理，以防孩子聽到會有誤解，也請他們認清事實，兩人是絕無可能復合了。

以B女的狀況而言，她歷經家暴，沒有婆家支持與關心，又因保護自己而報警，得不到婆家人諒解，且丈夫又心向婆家，心不在她身上，當時唯一的途徑就是離開丈夫、小孩，走出婚姻，取得保護令，暫時獲得人身安全與自由。然而小孩不在身邊，娘家人只有父親支持，心中苦悶可想而知。孤單無依及思念孩子，加上又沒錢，日子艱苦，情緒無處宣洩而得了憂鬱症，非常值得同情。

但是B女很勇敢，一直在掙扎，想要走出不幸的生活。她接受治療按時吃藥，想要以好模樣去見小孩，而看到小孩她心情變好，也尋求信仰，自心中產生力量，而且還打零工賺錢，其實已經走出第一步，開始新的人生了。只是她還籠罩在悲傷的情緒中且缺乏自信，非常需要人家拉她一把，而諮商師就可以幫助她排解情緒，產生自信與力量，重新找出生活的意義。

即使保護令已取消，當年的家暴必定是事實而且很嚴重，雖然時間會沖淡痛苦也能療傷，但自B女先生目前的言行看來，他家人仍不肯接納她回去，他也無意願。丈夫跟他家人本來就是一國的，明知B女想家是為了孩子好，也不願意再接納她，他們大概認為讓B女回去看孩子就已經是很大的恩惠了。

目前他們夫妻之間只因孩子而有些微互動，丈夫雖沒有怒言相對拳腳相向，但也不想和B女重修夫妻之情，更未自母親的天性及孩子的福祉來設想。這種丈夫及這樣的婆家，B女再回去也不會有好日子，還有可能自取其辱。然而B女就因為太想念孩子而無法看到整個大局。

其實B女可以不要過得這麼悲慘，越思念就越心酸。她應該往好處想，她還是可以見到孩子，他們當然會認媽媽及渴望見到媽媽，婚姻雖有名無實，B女永遠是孩子的母親。現在的B女其實已經苦盡甘來，孩子在婆家受到很好的

照顧，B女若硬要回去，沒幾年孩子長大就有自己的生活，到時候B女想要再走出婚姻，那時就連孩子都不會諒解了。

沒有先生可以靠，就只有靠自己，好在先生還有給微薄的生活費，B女不妨自己先站穩腳跟，從打零工到全職工作慢慢來，也尋求社會支援與資源，等到情緒穩定、生活平靜、經濟也能完全獨立時，她就會完全變成另一個人，成熟有自信，那時就有能力及判斷力來決定要離婚還是不離，而她的諮商歷程可以幫助她轉換心情早日成長。

從正向心理學的觀點，兩位有負面情緒的A女及B女可以學習正向思考，化負面情緒為正面情感，有三點原則可循：

1.要明白、接納和面對自己的負面情緒，如A女的焦慮、嫌惡、不平及B女的傷心、難過及憂鬱，想辦法去處理，不要責怪自己也不要記恨他人。

2.想一想、變一變，反思自己是否常以自我挫敗的句子掛在嘴邊，如「我真倒霉又碰上前夫了」，「這個人害我半生還不夠？」或者「孩子好可憐，沒有媽媽！」、「沒有人喜歡我、關心我」等，消極且不合理。她們必須嘗試及改變那些不合理的想法，多對自己說些進取的話語，自我激勵！

3.學習欣賞自己，平日多留意及發揮自己的長處，可以建立自信心去面對問題。

每個人都有煩惱，婚姻的問題最煩人，因為是人際問題、家庭關係，許多女性在婚姻中不快樂，既然走出來了就要過不一樣的生活，與其與不合適的男人一起過，還不如單身過自己的日子，一樣可以幸福開心，這都在一念之間，化煩惱為考驗，才能走過困難而成長！

17 婚姻不斷「電」

情話綿綿、如膠似漆，才能確保美好的婚姻生活？

跨越距離戀上你

海倫是個高知識分子，年輕端莊美麗。她滿臉焦慮地坐在諮商室內，述說婚姻生活。

「大學時上過他的課，那時就好崇拜他。後來我赴美讀研究所，寫論文時還與他通信請教好多問題。回國後也在一些研討會上遇見，於是開始交往。老實說，我當時很迷戀他，而他原本就對我有好感，只是沒想到我會愛上比自己大二十五歲的男人，起先他有些抗拒，但無法拒絕我數次的主動出擊，終於我倆陷入熱戀。」

「問題是，他在中部任教，我好不容易在臺北獲得教職，於是我們成了高鐵常客，每周輪流北上或南下約會；平日講電話可以聊上三、四個小時。不顧父母及朋友反對，半年後我們結婚了，變成週末夫妻。他是大忙人，我的教書生涯剛起步，各忙各的。我每天盼望的是週末來臨，週五下午就迫不急待地搭車南下，回到臺中的家，他卻還在研究室忙，總要到八點多才一起用餐。但如果輪到他北上，往往是週六中午才到，因為週五晚上他要和前段婚姻的兒女見面吃飯。」

「平常週一到週五，我要教書備課，但一空下來就會想念，發Line給他，但他不是已讀不回，就是只送貼圖；打電話給他，也是匆匆說在忙，晚點回電，結果就沒再打了。晚上時間最難熬，他有事才會打來，已不再情話綿綿數小時，有時我打去，他已累得睡著，還怪我吵醒他，後來乾脆關機。周而復始，我突然感覺很寂寞，問自己為什麼要結婚。」

「我好愛好需要他，他睿智成熟有深度，還能分享許多專業知識與個人觀點。他雖中年，但年輕有活力，上課滔滔不絕，床上也生龍活虎。原本我覺得幸福極了，但現在他已經從天使變成凡人，一點都不浪漫體貼。」海倫哀怨地訴說。

「妳的意思是不回簡訊、不打電話聊天，就不體貼浪漫？」諮商師問，「那你們見面相處的情況又如何？」

「前兩周我重感冒，要求他週五晚上北上，他也口口聲聲說要來照顧我，結果到晚上十點才打來說走不開，次晨搭早班高鐵來。週六早上他帶著鹹豆漿、燒餅、油條出現，但戴著口罩和單人睡袋，準備睡客廳。他防我像防痲瘋病患，不讓我接近，自己在餐桌用筆電工作。他不會陪我逛街買衣服，但會開車帶我去海邊看日落或去山區踏青。當初為他著迷，現在卻讓我生氣！」

諮商師提醒：「他愛妳的本質並沒有變啊。妳生氣，那他的反應如何？」

「我一再跟他溝通，我需要的是經常關注，尤其我們是週末夫妻，不在一起時，為什麼不能情話綿綿？他會試著改變，但維持不了幾天又故態復萌。好幾次週末相聚都為此事爭吵。」

「聽起來妳覺得平常週間的電話互動太少、情愛表達不夠。但他有試過啊，那是他的工作日，他有自己的生活方式，不習慣隨時跟妳通話吧！」

「我知道，但戀愛時我們每天晚上都講好幾個小時的電話。我的需求就是卿卿我我，情話講不完，這會很難嗎？這半年來我時常覺得孤單寂寞，心情愈來愈沮喪，以致週末見面時不是發牢騷就是吵架，還好床頭吵床尾和。周而復始，真不知該怎麼辦？」

「妳有想過要如何改善嗎？」諮商師問。

「住在一起啊。但談何容易，教職不易找，若辭職依附他，我不甘心，也怕他養不起我。他一直很欣賞我的用功與學術成就，而他更不可能換來臺北工作。問題不在於北中兩地，是他的個性，其實他每天幾通電話幾個簡訊，就可以讓我開心。」

「所以妳認為他若白天打電話發簡訊，晚上情話綿綿，妳的需求被滿足，就會很快樂很幸福？」

「我現在如此沮喪、焦慮、激動，就是我的心情沒被照顧到啊！」

甜蜜與浪漫，只在婚前？

這是一個簡單的議題，卻對案主造成很大的影響，是因為她的「絕對」、「必須」、「應該」心理，認為需求「一定」得被滿足。她要先生「一定」符合她「小小」的要求，且不斷告訴自己「沒有親密對話，自己就會孤單沮喪」、「我失去戀愛的感覺了，好慘好糟」，弄得自己心神不寧。

諮商師以理情行為治療法來駁斥她的非理性思考與擴大糟糕的狀態。海倫因為沒收到電話及回傳簡訊而感到沮喪，認定自己被疏忽，沒有被寵被疼，此種信念引起沮喪反應，因此諮商師教導她要為自己的情緒反應和困擾負起責任。她讓自己感到焦慮沮喪，其實是在懲罰自己，週間的不愉快還帶到週末的相聚，更是懲罰了先生及婚姻。

這婚姻是老少配，年齡差距看起來並不重要，但五十五歲的教授，離過婚，選擇教書、做研究為終生工作，已成固定的生活模式，也可能不想再婚，只是拗不過三十歲女學生的仰慕追求，戀愛的甜美與回春的活力，促使他再度踏入婚姻，而平日分居兩地工作，週末相聚相依的模式，對他倒也是兩全其美。只是，他沒想到妻子會從接受到愈來愈不能適應，規定他全神投入研究之

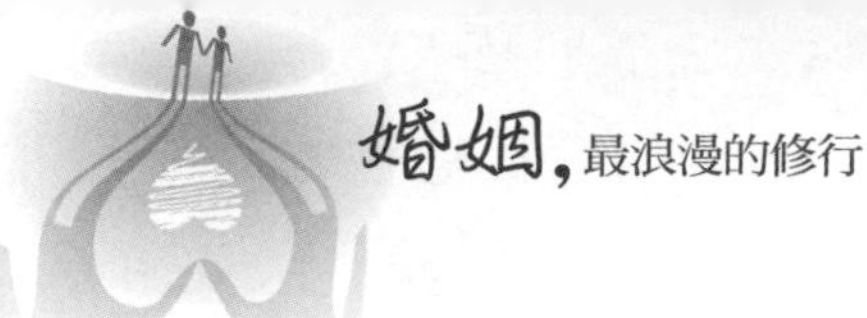

際還必須經常打電話發簡訊，他只當是小女孩在撒嬌耍賴。

有鬆有緊，關係保鮮

諮商師發現，這對夫妻因互相吸引而結婚，卻未討論長遠計劃，例如財務分擔、生育、化解女方父母的反對、兩家姻親關係等。最重要的，如何面對各自的朋友及同事。他們還沉浸在兩人世界，未進入現實世界，卻已經因個性、社會歷練及愛情觀而開始爭吵。

諮商師指出，案主既然很愛丈夫，就得接受他的優點和缺點。沒辦法常傳簡訊回電話，或許是缺點，但他以自己的方式來愛妻子，且案主又不是沒感覺，只是執意以自己的方式來要求對方，並拿婚前做比較，希望將戀愛的感覺帶進婚姻中，但其實婚姻生活並非只有她要的一種方式。

案主逐漸明白是自己的選擇在困擾自己，也瞭解一定要情話綿綿的非理性信念使自己陷入困擾，更明白要降低自己的不安，就必須接受正確觀念、改變認知，並以實際行動來矯正。因此，諮商師致力於培養案主更實際的生活哲學，減少她的情緒困擾與自我挫敗行為，減低因生活中的不如意而責備丈夫，同時也教導她如何有效處理未來的困難。當她有了洞察，有新行為產生，心情平靜後，才能邀請先生同來做婚姻諮商，進入婚姻藍圖的討論。

後來，案主停止打電話及發Line，一整天下來，丈夫反而覺得若有所失，掛心地撥電話過去，兩人開始分享白天生活，聊了半小時之久。有一次丈夫去美國開會，兩人發了一整晚的訊息，案主才發現，原來偶發性的聯絡比固定的報告更親密更開心，也瞭解到只有先走過自己這一關，兩人才能真正進入婚姻，一起面對未來可能發生的困難，畢竟婚姻有甜有苦啊！

18 生活瑣事滾成了婚姻風暴

婚姻生活中一旦有事情不對勁或不妥，就得趕快溝通，說開來講清楚，千萬別迷信船到橋頭自然直，或者床頭吵床尾和。

案例1

文德夫婦是頂客族，並無計劃生小孩，婚後前三年，明玉在西藥代理商處當祕書，文德在旅行社做內勤，下班後兩人吃美食、遊山玩水，甜蜜快樂。第五年時，明玉考進一家醫療器材公司當展示說明專員，受完訓練後就全省跑透透，而文德也兼外勤，經常赴各大城市開說明會招攬旅客。兩人收入愈來愈高，相聚時間卻愈來愈少。

一天，文德出差回來，一進門就看見地板上躺著灰塵及花生米，立刻大怒：「妳在幹什麼？地板這麼髒沒看到嗎？這樣的環境能住人嗎？」

「你幹嘛大驚小怪，嫌髒你不會自己打掃？」明玉滿腔歡喜的心情化為防衛。

「我才剛進門，累死了，妳比我早到家，只會坐在那裡上網，真是有夠懶！」

「喔，你累我不累，我昨晚加班到九點半，休息一下都不行？」

「活該，早就叫妳不要做那麼忙的工作，自己非要，妳是自己找罪受！」

「你很大男人、有夠自私，不體貼我工作辛苦，也不瞭解我的需求，人往高處爬，你懂不懂？」

「那又有誰瞭解我工作的辛苦及壓力？妳快去擦地板啦！」

「要擦你自己擦，我要睡覺了！」明玉抱著電腦走向臥房。

「妳擦了再睡！」文德一個箭步上前搶電腦，衝力太大將明玉推倒在地，手臂還撞到餐桌旁的椅背。她痛得大呼：「你想怎樣？家暴！家暴！」

「就是要打妳，怎樣！」文德作勢舉手，明玉立刻奔入臥房鎖上門，任文德如何叫罵，就是不開門。

文德累了，躺在沙發睡著，醒來時發現明玉已搬回娘家。第三天文德才負荊請罪，明玉堅持要他去看婚姻諮商師，否則就離婚。於是，兩人一起去做婚姻諮商。

在諮商師的引導下，他們發現過去的大小衝突都跟個性和觀念有關，平日沒歧見時，可以過著安逸的生活，就算有小衝突，吵過就和好，但是，造成小衝突的觀念及脾氣卻一直藏在婚姻中未被注意，逐漸累積成大衝突，如：文德的大男人主義、自我中心、不夠體貼、不肯聆聽；明玉的倔強、吃軟不吃硬、不懂溝通等。

他們這才醒悟，像這次，地板不乾淨是導火線，卻將兩人個性中最壞的部分全部浮現，新怒舊怨累積爆炸，成了婚姻危機。

明玉最痛恨文德的情緒常無法控制，發脾氣吼叫不是第一次，也有動粗傾向。她自認不是小女人，不想再忍受無謂的爭吵，也不願工作不被尊重，她提議暫時分居。

文德不願意並再三道歉，表示因為工作壓力而看不見太太的好。他發誓不

會再輕蔑她的工作，會體諒她工作辛苦，也願意做個別諮商，學習情緒管理。

最後兩人有了妥協。文德必須做四次個別諮商，期間明玉還是住娘家，但她願意給彼此機會，主動建議兩人可以約會，重新認識彼此、學習相處。

每個婚姻一開始都是甜蜜的，不知何時，歧見浮出、爭吵出現，且問題不相同也無法預知，例如家人生病、出車禍、生意倒閉、外遇等。當生活中的小事一再出現，加上個性難改，婚姻就容易解組。

文德夫妻其實已經面臨離婚的危機，好在明玉有婚姻諮商的概念，而文德也一心挽回，願意透過諮商，一步一步地去修正、改善。

案例2

晚上八點多，美麗帶著小寶回到家，大祺劈頭就吼：「現在幾點了？不是說好妳下班回娘家吃了飯就帶小寶回來？我已經等了一個小時！」

「誰叫你不去我媽家吃飯，我怎麼好意思吃完飯拍拍屁股就走，何況小寶喜歡跟外公外婆玩！」

「妳少拿小孩當藉口，到底這裡是妳家，還是妳媽家才是妳家？」

「娘家就在隔壁，早一點晚一點回來有什麼差別？」

「當然有，我要的是一家三口，有自己的時間和空間！我每天上班又遠又累，回家就是想看到妻子兒子！」

「活該，誰叫你要聽你媽的話，去那麼遠的公司上班！」

「別把我媽扯出來！」

「怎麼樣，我就是不喜歡你媽，強勢跋扈又偏心！」

「妳到底是跟誰結婚？算了，妳這種太太我不要，我們離婚！」

美麗丟下小寶哭著跑回娘家。過了一個小時，岳父母登門興師問罪，責怪大祺自私、不體諒又絕情。

大祺鐵青著臉，述說和美麗結婚四年了，美麗一點都沒想要融入婆家。他因為愛她，才會傾囊在老婆娘家附近買小公寓，結果她卻因此整晚待在娘家。

岳父母等他發完牢騷後說：「這麼說，是我們女兒對不起你了？你要離就離吧！」然後就把小寶帶走，留下大祺一個人。

大祺被岳父母的舉止嚇呆，不知所措，第二天早上去岳家按門鈴，卻吃了閉門羹，美麗也不接手機，只傳訊息說暫時分居，過一陣子再談離婚。

大祺一再以訊息辯解，說是被怒氣沖昏頭才會說出離婚二字，內心絕無此意。

美麗知道他一向衝動，很容易口不擇言，但一想到精明的婆婆，她真的想暫時逃避，平靜地想想將來，反正父母給很多的愛及照顧，孩子更是他們的寶貝。

然而大祺以為道歉、解釋就可以補救，他想要馬上復合，以各種管道表達愛意與歉意，卻形成疲勞轟炸，美麗於是將之封鎖，但還是自友人處獲知大祺在社群網站上訴苦，弄得人盡皆知。

大祺的朋友們知道兩個人不是不愛，是婚後許多小事情沒有一一化解，加上婆家、娘家都強勢，導致最後的爭吵釀成了大災難。大家勸大祺要忍耐，先修身養性，同時也給美麗一些空間與時間，各自反省。等過一段時間，彼此想到雙方的優點了，就可以開始心平氣和地對話。

大祺沉不住氣，一再撥電話。他每天茶不思飯不進，三個月瘦了五公斤。

好友們看不下去，強押他去找心理諮商師，學習情緒管理。

大祺的問題在於無法忍受曖昧不明，他老是胡思亂想，以致情緒容易焦慮，而為了驅趕焦慮及不安，就不假思索地做自以為能達到目的之事，卻造成反效果。

諮商的目的在於讓他瞭解願望不是一蹴可及，要先穩住自己，讓妻子看到他的改變與成長，等時機成熟後就可以用成人對成人的姿態來溝通、談判及妥協。這個婚姻是有藥可救的，藥就是人為的努力。

婚姻生活中一旦有事情不對勁或不妥，就得趕快溝通，說開來講清楚，千萬別迷信船到橋頭自然直，或者床頭吵床尾和。

婚姻關係受傷有可能復原，也有可能死去，當然還是預防勝於補救，肯修補就是功德無量於孩子，於心無愧對自己。

19 夫妻親熱須知

夫妻感情基礎穩固，日常生活相處融洽，才有可能進入美好的性生活。

三位太太約好在餐廳聚會，點完午餐後開始話家常，C妻突然插話：「妳剛才去血拚什麼？我看妳拎了一大紙袋進來。」

A妻：「遠企四樓有德國產品展覽，紅酒買一送一，我就買了兩瓶，有點重，等一下在這門口直接搭公車回家即可！」

B妻：「妳要送人喔？我記得妳是不喝酒的。」

A妻臉上帶著詭異的笑容：「是我先生要喝的，我常和他小喝一杯。」

C妻：「好浪漫哦，老夫老妻了還有這個閒情！」

A妻有點不好意思卻面帶笑容地說，「我們家老王覺得小酌可助性，只要

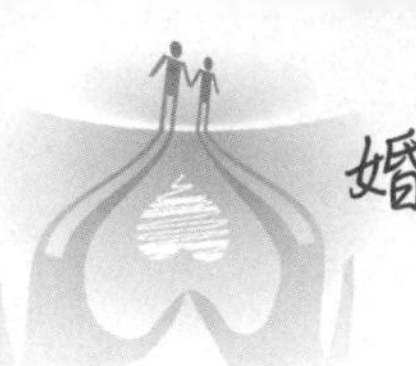

是孩子們去補習班的那兩晚，他都開紅酒配晚餐，收拾完後我們洗鴛鴦浴，然後就……」

B妻：「哇！真的好恩愛好有情調哦，所以你們的性生活活潑美滿囉？好羨慕！」

A妻臉紅羞澀：「小聲點好不好！妳們不也都不錯？老公都很愛妳們呀？」

C妻：「是啦，老張是好丈夫好父親，我覺得問題在我啦！」

A妻：「怎麼了，妳不愛妳老公嗎？有什麼問題？」

C妻：「我到了晚上都好累，不是不愛他，就是很不想和他親熱，因此他最常說的一句話是『洗衣機又壞了』，我覺得很對不起他，但也沒辦法啊！」

B妻急著問：「洗衣機壞了，那他是不是自己用手洗？」

A妻笑罵她：「怎麼這樣問！老張夫妻是虔誠基督徒，他不會的。」

C妻苦笑：「我想他不會的，所以我們次數極少。」

B妻也開始分享：「我們和公婆同住，左邊房間是公婆睡房，右邊是兩個

小兄弟的睡房，晚上親熱總是偷偷摸摸，不敢有一點聲音，深怕隔牆有耳，妨害風化，總覺得辦事時未能充分享愛，好羨慕可以洗鴛鴦浴！」

A妻接腔：「是啊！我也聽我同事說，她們家是兩房一廳小公寓，十歲的哥哥自己睡一間，四歲的妹妹有自己的小床，但是與他們夫妻在同一個房間，因此每次做愛都要小心翼翼，噤若寒蟬，匆匆完事，以免驚醒女兒。」

C妻：「像她們這樣能再撐幾年？趕快換房子算了，越早越好。不過聽妳們這麼一說，我也覺得除了身體疲倦外，我還有焦慮，也是怕不小心被補習晚歸晚睡的兒子聽見，總是叫我先生不要出聲，我真的好像從來不能好好享受。」

A妻好意地說，「雖然家家有本難念的經，我每晚得做飯給住在隔壁的公婆送過去，也是很累，但又不是天天做愛，只要天時地利人和，我們總會想要親熱的，所以山不轉路轉，妳們也要想辦法改進性生活啊！」

A妻說得沒錯，婚姻生活不是一直風平浪靜或順遂，性生活可以是慢性問

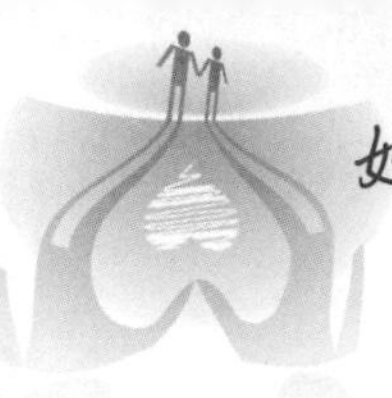

題及潛藏危機，在閃黃燈時就得開始注意，共同想辦法改善，而不是等到亮紅燈就已無法向前走了。

A夫妻喝酒不僅是助興助性，也是兩人的默契密碼，心中已開始醞釀情慾，用餐時分享心情，說些開心的話，然後兩人一起收拾善後，進入浴室，洗得香噴噴地上床，由期待進入實作，家中無他人，可以盡情享受。他們懂得利用時間，亦即不一定要等到累完一天就寢時，趁孩子去補習九點半以前不會到家的空檔，就是夫妻單獨相處的旖旎時光。

每家情況不同，B夫妻與公婆同住，孩子晚上又沒去補習，家中耳目眾多，但也不能因為環境使然而犧牲性愛享受。有時候仍要將自己的性愛擺在第一位，亦即花心思找時間單獨相處，例如藉口家中要打掃，請公婆帶孩子去吃漢堡買球鞋，或趁星期天清晨公婆外出運動，孩子睡得正酣時親熱，甚至平日下班後到摩鐵「休息」兩小時等，時間是自己找的，機會是共同創造的，只要夫妻同心。

A妻同事的狀況則需立即改善，父母絕不能和一歲以上的孩子睡同一房

間，以免孩子半夜自己醒來或被吵醒，看到不該看的場面。爸媽肉搏畫面加上奇怪的聲音，縱使不懂事的小小孩也會在腦海中有模糊的記憶，四歲的妹妹似懂非懂，還是會留下深刻印象，成為她成長過程中神祕的疑問。

曾有一位四十歲的公司女主管，她的婚姻出了問題，先生有外遇，知情者包括她自己，都認為是因自己投入公司太多精力與時間，所以不想再當女強人了，想要辭職在家相夫教子。在婚姻諮商的歷程中，童年記憶浮現，她才發現自己不喜歡性生活並不是不愛丈夫，更不是因為心懸公事體力匱乏，而是六歲那一年的某一天早上推門進父母親臥房，赫然撞見父母在翻雲覆雨，她呆住了，而父親赤裸著身體自床上下來，狠狠地打了她一巴掌，她哭著跑回自己房間，媽媽也沒追出來。

早餐桌前父母彷彿什麼事也沒發生，媽媽帶著她去給住在不遠的爺爺奶奶照顧就去上班了。滿腔委屈卻不敢告訴奶奶，因為她覺得做錯事，看到不該看的事。小孩子看到爺爺新買的芭比娃娃，注意力被吸引，暫時放下早上發生的事，開心地抱著娃娃滿屋子跑。她並不知道父母做愛這件事已經與性交連結，在她生命裡的負面記憶中偷偷地影響她的婚姻性生活。

C妻說得沒錯，A妻同事兩房一廳的小公寓實在住不下一家四口，孩子逐漸長大需要私密空間，父母更需要私密空間，換一個較大的房子是當務之急。不過知易行難，買房子搬家何其容易，但一定要找一個三房兩廳的公寓，坪數小沒關係，隔間有效率才是重點。兒子都已十歲了，快要發育了，妹妹不適合搬進他房間同住，這對夫妻應盡快朝這個目標努力，越快越好。這當然不光是父母行房的問題，小孩從小就要訓練他們獨立自主，有自己的空間單獨睡，有布置權，學習整理及打掃房間，以後長大才有能力照顧自己。

C妻的問題比較嚴重些，她因精疲力竭加上焦慮，性慾喪失，自己不要沒關係，卻會影響夫妻關係。先生以「洗衣機又壞了」來表達他的失望與無奈，但內心總希望洗衣機能早日修好。他好脾氣有修養又是教徒，並無二心，只是抱著「試著要求」及「等待期望」之心，C妻才會有歉疚感，卻沒想要有所改變。

她的狀況應先與性諮商師晤談，找出心理的癥結，然後夫妻再一起去晤

談，丈夫當然要去了解妻子的心理狀態，也要說出自己的需求及期待，最重要的是他除了分擔家務及照顧孩子外，還要與妻子一起商量如何能使每天的例行公事在時間上及效果上事半功倍，例如搭公車搭捷運，周末在家兩人合力煮三天的晚餐及便當菜，而不是每天下班都煮飯，尋找省時省力的食譜而行之，訓練孩子幫忙做家事，洗衣、烘乾、折疊衣服、打掃自己的房間等。C妻有時間休息，就不會太累，夫妻也可以利用獨處時間放鬆的聊天散步，提升心理親密，進而身體親密。

家中有孩子，父母難免會擔心半夜孩子聽到奇怪的聲音，因此除了要熟悉孩子的作息時間，也要注意主臥室不要鄰近孩子的房間，例如書房可以在兩間臥房之間。而父母親也可以選適當的時間親熱，會比例行時間的親密來得激盪，但一定要在安全無慮的環境及放鬆的心情中進行。

以A妻為例，夫妻感情好，性生活有默契了，日常生活中其他部分也容易溝通，是美好伴侶，享受性生活。雖然性生活只是婚姻生活的一部分，倘若有一方欲求不滿足或雙方都不滿意，隨時間累積，潛在衝突會成為婚姻危機。然而夫妻感情基礎穩固，日常生活相處融洽，才有可能進入美好的性生活，這是互為因果的。

總而言之，夫妻／伴侶擁有好的性生活的重要因素如下：

1. 情慾：雙方都有慾望，或者一方懂得撩撥對方的情慾。

2. 時間：在雙方最輕鬆也有體力的狀況下為之。

3. 地點：家中臥房、摩鐵、飯店房間等均可，要有隔牆無耳的安全環境才能安心享受。

4. 情調：除了前戲緩慢而溫柔外，睡衣、香水、燈光、音樂及甜言蜜語或性言愛語，均能提供有情調的氣氛。

5. 語言：甜言蜜語及性言性語是專注於兩人身上以及性愛歷程中，不要害怕去表達自己的感覺及想法。

6. 輔助工具：要製造情調或提升激情，有時輔助工具是必須的，尤其是對於性生活漸趨平淡的中年夫妻，如情趣用品、成人影片等，偶爾用之有效性高。

祝天下夫妻／伴侶皆親密！

20 已婚勿擾

夫妻群中，當有一人對另一異性起了異心，絕對會引起朋友關係及夫妻情感的暗流。

好友夫妻檔一起出遊是很快樂的事，但是相處、互動久了，難免發生狀況，像是因為消費多寡、分攤不均、出遊行程拖拖拉拉或言語誤會，於是由親而疏，甚至反目也有可能。

最微妙且危險的就是「感情」生變，也就是夫妻群中有一人對另一異性起了異心，絕對會引起朋友關係及夫妻情感的暗流。

案例1

A女是我高中同學兼好友，婚後兩家來往密切。

新年除夕夜老公剛好出差，於是我與A女夫婦及大夥一起去夜店慶祝吃消夜喝酒。當A女去洗手間時，A夫邀我跳舞，我欣然答應，沒想到他摟我入懷，趁我不備時吻了我，而且開始上下其手。我嚇了一跳，趕緊說口渴而掙脫，並且待在吧檯不再回座。後來便各自回家。

這幾天我的心情並不好受。那晚A夫是有點醉意，沒想到平常的他看起來是個正人君子，居然會有二心。我不會告訴我先生這件事，可是，卻擔心他對別的女人也如此。還有，我很想守護好友，但是如果告訴她，局面是否難以收拾？到底我應該怎麼做？

案例2

大明夫婦是家庭好友，有時是四人小聚，有時是一群人聚會。不久前，大明好幾次試探我太太，她當然沒有理會，但也不想破壞四人友誼，所以對大明一連串的電子郵件、簡訊、電話等攻勢並未嚴厲拒絕，也會回應，只不過盡量保持正常化且忽視挑逗性的言詞。

某次我偷看妻子的手機，才發現這件事。我質問她為何要回應且不告訴我。妻子很生氣，說我不該侵犯她的隱私，並認為只要自己做得正就好。她理直氣壯地說：「我還要顧及和他太太的友誼啊。」

冷戰了幾天，她終於寫信告訴大明，我已知道此事，請他收斂，大明才停止追求。這件事他太太永遠不會知道，但是我的夫妻關係卻因此而開始變得緊張，彼此失去信任。我該怎麼做才對？

別為自己的不忠找理由

以上兩個案例頗為相似，兩位妻子都不想讓丈夫知曉，只希望可以大事化小、小事化無，以免兩家翻臉成仇，壞了多年的友誼。

不過，B妻雖然想讓事情自然過去，但心有未甘，也怕A夫對其他女性做出同樣的行為，同時她更替好友A女抱不平，因此心中掙扎，不知如何應對。

C女則是以自己的方式處理，保持低調，不幸卻被先生發現，進而引發夫妻關係的緊張。

她們當然都是無辜的受害者，至於始作俑者的心態為何呢？筆者試著分析如下：

1.借酒裝瘋：有可能酒後失態，藏在潛意識中的欲望浮現；或者早有色心，故意借酒壯膽，試探對方，成不成都無所謂。A夫就是個例子。

2.婚姻關係中的親密感不足：夫妻的日常生活運作正常，但是心靈交流不夠，分享不深入，漸有疏離感，於是想在熟悉的異性處尋求慰藉。

3.近水樓臺：在別人的婚姻中看到自己期待的憧憬，總覺得對方的一舉一動正合自己的意，於是利用機會試探、追求。大明就是這樣的例子。

4.缺乏現實感：因為私慾或性幻想而有所動作，卻忽略了人際關係的微妙，以及感情的私有性。

講清楚、說明白，徹底劃清界線

A夫突如其來的舉動讓B女受到驚嚇，一方面不知如何應對，同時也怕被好友看見引起誤會，所以她很快脫離A夫的懷抱，藉故走遠。這件事看似了

結，卻已干擾B女的心思，所以她應該有所回應，尤其對於這種無端輕薄人妻的A夫，應該給他一個警告，讓他知道，不論是清醒或酒醉，對妻子以外的女性存非分之念並採取行動，都是不能被接受的。

她可以理性、勇敢地以中性口吻訴諸語言或文字，當面、打電話、寫信都可以，告訴A夫：「我知道那晚你喝醉了，所以才對我做出不禮貌的舉動。我想讓你知道我不喜歡那樣，請確保以後不會再發生，謝謝你！」這類的話語。中性地描述事實，也堅決表達自己的態度，更要求A夫不可再有此種行為發生。A夫看了應不致於惱羞成怒，但至少會收斂行為。

不過，也有可能A夫會以防衛的態度辯解當時自己喝茫了，不知道做了什麼，甚至可能責怪B女，說她明知道他已醉了，卻還欣然接受邀舞。所以，B女絕對不要扯到自己，完全只針對A夫的行為，該說的說了就好，至少可消除心中鬱結。至於好友的婚姻，那是她與丈夫兩個人的事，讓他們自己去處理，不用告狀。而且，只要處理得當，整件事就不會牽扯到自己的丈夫。

千萬別給對方任何可能和機會

「案例2」裡的大明，或許在婚姻中有所欠缺，比如他屬於需要被照顧的類型，或是喜歡夫妻勤互動。C妻對大明的言行不以為意，或者可能享受被讚美，於是沒有在第一時間表明拒絕，造成大明誤以為她是故作姿態，可能追求有望，於是持續發動攻勢。這種情況下，C妻卻以為假裝不知道，仍然禮貌回應，就能維持原來兩家庭的良好關係，其實是落入一廂情願和消極鼓勵。

C妻不知道該怎麼處理這種複雜的人際關係，卻也沒有和丈夫商量，她明知丈夫一定會生氣，還與大明保持互動，做先生的知道後當然會很不高興。或許她認為，如果讓丈夫知道，就算自己表明不會順大明的意，但丈夫有可能對大明生氣，甚至立刻衝過去面質或打人。所以，C妻在乎的還是夫妻關係及兩家和好，而丈夫對她的怒氣，是應該適可而止。

C夫偷看妻子的手機，其實是侵犯了妻子的隱私，也失去妻子對他的信任，唯有把話談開來，以正向態度重新看待此事，夫妻關係才能恢復。

至於大明，當他知道C妻對他沒興趣，且C夫已知曉此事，就立刻停止，是正確的做法。未來C夫要和大明保持何種親疏友誼，就要好好想一想了。但是，C夫不能干涉自己妻子和大明妻子的友誼，畢竟大明的妻子是無辜的，而且自己的妻子是在乎她的。

C夫和C妻仍存在一些敏感議題，能夠坦誠溝通最好，否則就要一起去找婚姻諮商師協談，重建信任，恢復親密。

個人心理有需求或婚姻有欠缺，都應該向內檢討，雙方努力溝通、瞭解、調適及恢復身心親密，而非向外發展，尤其是吃窩邊草，很容易玩火自焚，損人不利己，萬一惹上不甘受辱的人，把事情鬧開來，可能招致身敗名裂的風險。因此，朋友妻，絕對不可戲！

21 千金難買「有情」婚姻

只要能吃苦、有良好溝通，彼此互相體諒並達到共識，就能克服困難，打破貧賤夫妻百事哀的魔咒。

案例1

大保的母親看上文玲的質樸與節儉，毫不遲疑地答應了兒子的結婚決定，還幫忙付了新屋頭期款，讓小倆口可以安心組織小家庭。

當國中老師的文玲來自鄉下，勤儉持家、衣飾簡單，也不喜歡上高級餐館花大錢，生活能省就省。

大保與朋友合開公司，從事進口貿易。談生意常需要應酬，穿著、汽車都得像樣，加上他又喜歡攝影，器材昂貴，開銷甚大，因此變成妻子省小錢丈夫花大錢。好在家用是大保在負擔，文玲則是儲蓄自己的月薪，兩人因此相安無事。

直到兩個孩子陸續出生後，家庭開銷增大，大保公司進口的產品因行銷不佳，存貨甚多，時常周轉不靈，於是文玲開始負擔部分家用及房屋貸款。

文玲對於丈夫經常在外留連，心生不滿，吵嘴、冷戰時而發生。她愈來愈沒安全感，多次在小孩面前爆發情緒，大保總是奪門而出，兩人呈現嚴重的對峙。

拖了一年半，儘管婆婆淚眼懇勸，文玲不願過有名無實的生活，大保也情斷義絕，房子和孩子都歸文玲，鐵下心簽了離婚協議書，結束九年婚姻。

案例2

明哲擔任推銷主任，月入三萬六；白梅在某基金會擔任秘書，月入三萬。

剛結婚時，原本住在南港婆家，房子寬敞舒適，生下兒子後更得爺爺奶奶寵愛。只是白梅因工作需求，有時週末必須加班，婆婆希望她換工作，她不願意，婆媳的心結因此種下。

老二出生後，因為公婆疲於照顧，於是託給三峽娘家仍單身的大姨照顧，月付一萬五。

孩子的用品、養車、油錢、日常雜支、交際應酬、孝敬父母等，兩人六萬多的收入幾乎一毛不剩，有時還必須向家裡伸手。

後來，因為明哲的弟弟結婚時，白梅的家人未出席，產生誤會，婆婆有時會酸言酸語，令白梅不舒服。有一次，夫妻因小事吵架，婆婆跳出來當面指責白梅。一氣之下，白梅便帶著老大回三峽娘家，公婆自是不悅，明哲也只能利用週末探望妻兒。

夫妻幾次談判都沒結果，白梅堅決不回婆家住，她的父母則要求男方出錢買小公寓，供一家四口容身。但是明哲的父母不同意，明哲也覺得沒面子，最重要的是他已經無力負擔兩邊跑的時間及開銷，每週要買東西送岳父母，還要帶小孩出去玩。

貧賤夫妻百事哀，加上姻親從中干擾，七年前的熱戀和海誓山盟，早已被殘酷的現實壓得不見蹤影。吵吵鬧鬧拖拉了一年後，兒子歸男方，女兒歸女方，兩人很不愉快地分手了。

以上兩個案例均以離婚收場，一個家庭就此解組，大人心裡長痛，對小孩的影響更是深遠。

金錢，最可怕的婚姻破壞者

金錢與性是婚姻中的慢性衝突因子。談戀愛時，兩人不顧一切地想和對方在一起；麵包不重要，性也是美好的。直到小孩出生，金錢或性的困難才慢慢浮出，引發衝突。

許多研究家庭問題的專家都一致認同「錢」是導致夫妻失和的主要因素之一。不同年階段的婚姻調查均顯示，「財務困擾」是造成婚姻適應困難因素的第二位、第三位或第五位，中外皆如此。

經濟繁榮卻消費吃緊的現代，夫妻除了要努力賺更多錢，也包括要在減低摩擦的原則下花用有限的收入，並維持既舒適又溫暖、和樂的家庭生活。

「案例1」中夫妻的成長背景不同、價值觀差距、工作環境懸殊等因素，爭吵是不可避免且令人苦惱的。因此，兩人的溝通與生活方式都必須大幅調整，關係才可能修復。

至於「案例2」，家庭收入共六萬六，對於一家四口，的確很吃緊。不過，因為不用付房租或房貸，若做好財務計劃，還是夠用且可以存點小錢。

如今，夫妻分居兩地，往返的花費更大，加上雙方長輩都對媳婦、女婿以及親家不滿，讓單純的夫妻問題更擴大、難解。這對夫妻眼前最需要的是理性面對收入問題和姻親問題，心平氣和地溝通並尋求解決之道。

攜手面對，營造有質感的清貧婚姻

美國運通公司有一份調查揭示，美國有四十三％的男女會在婚前討論金錢問題，但是關於助學貸款、信用卡債或曾經經商破產等大事往往會隱瞞不說，婚後等配偶發現時，便可能引發衝突。

因此，婚前輔導中，伴侶坦誠地討論金錢問題是很重要的議題，也就是說，要盡可能在結婚前把兩人的財務攤開來說，以面對、克服婚後可能遇到的財務困難。

婚姻諮商中的金錢處理要點如下：

1.尋求妥協：夫妻在許多方面（尤其金錢）有歧見並不稀奇，維持一個平和的家庭，不在於自己說什麼，而在於伴侶的看法，以及是否願意妥協。如果「案例1」的大保肯多花心思讓妻子瞭解雙方金錢用度的差異和原因，也能誇讚她勤儉持家，並鼓勵她有時添點新衣，相信文玲會覺得自己被看見也被關心，也能好言忠告大保哪些開銷是合理的，哪些可以削減。溝通的管道便可以打開。

2.對於雙方共有的財務，要有明確概念：若期望家庭和諧幸福，財務有保障，應盡量增加共有資金，減少各自資產，同時也要明確瞭解彼此對收入的預期，才能同心、有共同目標。

3.靈活機動：婚前的個人財務應透明，讓彼此瞭解並接受。若能愈早對彼此的金錢使用達成共識，就可能減少這方面的衝突機率。而協議內容並非一成不變，隨著家庭結構及環境的變化，有些條款是可以修改的。

4.注意界線：現代人晚婚比例高，婚前多少有點資產，如果一方認為某些資產屬於他／她個人所有，就應取得共識，予以尊重。另外，有些夫妻婚前固定拿錢奉養長輩，婚後在這部分的安排和處理，也得共同討論。

5.制訂長期計劃：有長期規劃，是良好家庭財務的第一步，包括子女教育基金、旅遊預備金、購屋貸款、退休儲蓄及緊急預備金等，是很複雜的，需要逐年調整修正。

就算是富裕家庭的夫妻也還是會有其他的財務問題。一般的中產階級夫妻，比較容易碰到財務拮据需要謹慎用度的情況，但是只要能吃苦、有良好溝通，彼此互相體諒並達到共識，就能克服困難，打破貧賤夫妻百事哀的魔咒。

22 巢空情更濃

空巢期，夫妻最應該找回情人角色。

玉美在諮商室內愈說愈激動，眼淚直流、聲音哽咽，原來是丈夫在無預警情況下要跟她離婚。

這幾年，老大終於轉到自己想讀的科系，而不愛念書的老二也申請到技術學院就讀，兩個人都離家住校，玉美總算鬆了一口氣，可以專心公務，尤其最近才被升為主管，她更想要好好表現一番，反正丈夫都是周五才從新竹回到臺北。

丈夫承接父母在新竹的食品工廠，八年前父母退休，他就結束臺北的門市部，全天候在家族工廠內指揮監督，以往，週間就是玉美跟孩子三人，周末才是全家人相聚的時刻，現在孩子大了又搬出去住，就算假日也只有一餐是全家上館子，其他時間則是夫妻在家看電視或是購物、訪友。

最近兩個月，丈夫可能覺得孩子不在，心情放鬆，經常求歡。玉美向來對房事不熱衷，連續拒絕了好幾次，沒想到丈夫惱羞成怒，甚至懷疑她常加班開會是私會男友，有一天爆發開來，要求離婚！

當婚姻只剩下生活

玉美在諮商師面前回顧婚姻。她說自己個性內向，兩次戀情告吹，後來經同事介紹認識了先生，雖然不是自己所憧憬的白馬王子，但是他努力上進、無不良嗜好，且溫和有禮，於是答應了求婚。婚後她才發現先生雖善良，卻是傳統、固執、大男人，與他相處有很多的眉眉角角。個性上、生活上，玉美一點一點地承受、適應。

「我雖然對他沒有激情，但二十年來的夫妻之情、家庭親情，我又沒做錯事，他憑什麼要跟我離婚！」玉美還是很激動。

諮商師安慰玉美，丈夫必是累積被拒的不快，以離婚為名目來發洩。目前

的問題在於兩人處於空巢期又加上缺乏溝通。

經過幾次晤談後，玉美漸漸有了洞察，夫妻之間並無勾動心弦的愛情，但點點滴滴已匯成堅定不破的感情之牆，彼此都在意對方。的確，進入空巢期後，雙方都應該多花點時間心力在彼此身上。

「以柔克剛」、「攻心為上」是玉美自諮商師處學到的策略，每周五她會煮丈夫愛吃的菜。另外，也與丈夫協議，周休兩天各計劃一天的活動，提出來討論，再依彼此意見修正。

施行兩個月後，玉美向諮商師表示，丈夫居然提出一日遊或兩日遊的方案，到臺北近郊或中部山區遊玩。在山明水秀的風景區，兩人心情舒暢，聊的話也多，心理上的親密感提升，床笫之間的頻率與品質也增加了。

空巢期，夫妻情感新考驗

由玉美的案例可看出丈夫對空巢期比較敏感，但他不會表達，就在心裡醞釀，玉美當然不會知道，何況她的主力已自孩子轉移到新升遷的職務上。丈夫的積怨於是日日上升，他需要被同理、瞭解與支持，但他卻用了最危險的方式：離婚。好在玉美尋求婚姻諮商，瞭解空巢期的陷阱，化危機為轉機，挽救了婚姻。

婚姻生活中，空巢期有可能是人生的轉捩點，有些人以正向態度來迎接，接受孩子的離家，並重燃熱情，專注於夫妻彼此，準備迎接晚年相伴的生活；也有夫妻期待進入空巢期後，可以重拾以前兩人喜歡一起做的事，但當這天來臨時才發現，多年來忙著工作賺錢、教養子女，各自已變成不一樣的人了；當父母的角色不見了，家中只剩下一男一女的陌生人。

曾經讀過兩本小說，其一是夫妻中年喪子，突然陷入空巢期，心情悲傷而飄浮，一點小事、一件東西，都會勾起回憶，於是將注意力集中在對方身上，不幸的是，看到的都是缺點，不停地指責、怪罪，甚至還產生很多非理性的思考。最後，夫妻再也無法忍受彼此，就在兒子走後兩年半離婚了，帶著許多痛各奔東西。

其二也是夫妻中年喪子，突然陷入空巢期，他們將對兒子的思念轉為對兒子

雙親的關愛；也就是他們都為彼此著想，想著為人父／母對孩子的愛，以及失去孩子的痛苦；盡其所能地安慰對方、呵護對方。孩子的死促進夫妻的團結，丈夫不再整天忙事業，太太也不再去護膚、喝下午茶，兩人重新認識對方、接納對方，以前理所當然的愛，現在則提升成真實的情感交流與身心親密。

重拾遺忘許久的溫柔和浪漫

美國俄亥俄州Bowling Green州立大學於二〇一二年發表《銀髮離婚革命》的研究報告，指出在追蹤離婚率的統計數字中可見到空巢症候群的現象。一九九〇年時，五十歲以上離婚的人不到十％；近二十年後，也就是二〇〇九年，有超過六十萬位五十歲以上的美國人離婚。

Louieville大學婚姻與家庭治療計劃的助理教授卡藍認為，最能準確預測離婚的因素之一就是「配偶拒絕溝通」。

典型的情況是，夫妻一方傳出警訊，要求多花時間相處、活動，或者展開婚姻對話，但是另一方完全沒有接收到訊息或不理會。男性通常會以休閒嗜好為藉口，例如約了朋友打高爾夫球、搓麻將，女性則以擔心小孩、與閨密相聚、照顧年邁父母等藉口，過自己的生活。家庭生活表面上照常運作，夫妻其實是疏離的，也許有一天，一方會因心理孤單而求去。

婚齡二、三十年的夫妻，在家庭中的父母角色最為凸顯，孩子是生活重心，彼此早已不是戀人情人，於是，感情連結不知不覺地轉弱，性生活也逐漸受到影響。當孩子還小時，容易找藉口逃避許多事，包括房事，到了空巢期，夫妻大眼瞪小眼，有的是時間，卻因為過去的疏離，要重燃愛火與慾火，往往變得憋扭與困難。

好好經營婚姻生活的第二春

因此，當空巢期來臨，夫妻應找回情人角色，剷除溝通障礙。案例中的玉美雖內向，但她有心與丈夫溝通，提出建設性的婚姻改進方案，給夫妻的對話開了頭，展開意見的溝通，促成周末的出遊、接近與親密。夫妻一旦有了時間與活動的分享，話題就多了，感覺也親近了。

空巢症候群是可以預防的，根據卡藍教授的治療經驗，最佳方法就是預防。從婚姻一開始就認識、進入且經營另一半的世界，自生活中非常表面的事物，如喜愛的食物、衣著打扮、愛看的電視節目及閒暇嗜好等，一直到對方內心深處的感受、希望，甚至夢想。

好的開始是成功的一半，未雨綢繆才能共同守護空巢。因此卡藍教授認為，婚姻不是過一天算一天，建議制訂長期策略，就像規劃家庭財務一樣，夫妻可以互問，當子女離家後，他／她希望的婚姻生活是何種樣貌？家庭成員縮減後，是否要賣掉大房子，搬到小公寓居住？夫或妻有什麼夢想或希望想要去達成？

兩代之間

23 親家是冤家？

姻親關係是很微妙的，加上每個人的個性不同，相處並無公式可套，只能運用智慧化繁為簡、化險為夷，並且與配偶共同商量，攜手解決問題。

結婚是兩個人的選擇與投入，而婚姻中的姻親，卻是不能有選擇且免不了會有互動的。原生家庭的成員、親戚，難免人多嘴雜，不見得相處融洽，而當因結婚有了配偶，對於配偶而言，他／她就得適應新環境，包括接納姻親、學習互動、和樂相處。

案例1

我是晚婚族，婚前自己買了小套房，婚後住進先生購買的小公寓，生下兩個孩子，於是就把小套房出租，租金收入存起來做為孩子將來的教育費。兩年前公公過世，住處被公家收回，因住家太小，丈夫便拜託我讓婆婆住進離家僅兩條巷子的小套房。

原本丈夫計劃暫住半年，然後希望母親可以到兄弟姐妹家輪流住。但大哥藉口母親住不慣北部，大姐則在高雄開咖啡廳忙不過來，小弟在美國剛剛找到工作，結果婆婆一住就是兩年，我的房租也因此全泡湯了。

更慘的是，先生半年前因公受傷在家休養，現在好了但走路有點跛，不適合原本的工作，於是拿了資遣費，待業中。家裡只剩我的一份工作收入，一家四口加上婆婆，財務吃緊。我要先生向兄弟姐妹們要求平均分攤母親日常開銷，包括房租在內，但他覺得孝順是發自內心，只要我們撐得下去，就不要去求手足。為此，我們最近不斷吵架。

我真不知道自己為什麼這麼命苦，少了房租收入去替大伯小叔們奉養他們的母親。如果我母親還在世，不知會怎麼想？

案例中，妻子的抱怨包含夫妻溝通、婆媳互動、家庭經濟及手足疏離幾個議題，其中最重要的應是夫妻溝通。妻子當然不甘心，自己婚前的置產原可生財，卻因婆婆入住而失去固定收入，幾年下來損失不小。其實她也是重婚姻愛家庭，愛屋及烏，認為安頓婆婆才能讓丈夫安心、家庭和樂，只是沒想到一住兩年，而且可能更久。本來就有點不平，直到丈夫發生事故，家中經濟窘迫，她才將積壓已久的不滿搬上檯面。

丈夫是孝子，也希望手足可以輪流盡孝道撫養母親，然而其他人卻覺得母親與他都住臺南，就近照顧最好，或者也認為他經濟能力較好，很放心母親有人照料，便丟給了他。他心中即使不悅也不肯說出來，怕妻子生氣，母親傷心。

夫妻感情面臨考驗，此時是內憂外患夾攻，理應同心面對。丈夫要先同理太太的心情，她善待婆婆、珍視家庭，但對於失去房租感到遺憾，應該安慰她，以後還有機會出租，而且房子目前已經增值不少，不用擔心。

太太得到同情、瞭解及支持，心情就會好過些，說話口氣也會溫和，這時就可以趁機反過來跟先生討論如何說服其他手足一起承擔母親的生活費用。

在華人社會裡，自家房子給家人住，尤其是父母親，是不能算房租的，但可以計算母親每個月大致的開銷，包括零用錢在內，若有特別花費，如添置衣物、醫藥費等的收據也要保存，總數除以四，向兄姐弟們收取平均分攤的費用，這種情況下，每家分擔的費用應該不會很高。另外，夫妻最好逐家拜訪，強調母親住處已不需他們操心，只需付部分生活費，相信他們應該沒話講。

妻子或許還是覺得委屈，但至少已改變狀況，要回來的部分款項不無小補。下一步就是鼓勵丈夫慢慢找適合身體狀況的工作。平日也多思考如何開源節流，全家勵行，必會度過難關。往好處想，夫妻同心奉養婆婆，盡孝道，而婆婆就近含飴弄孫，享受天倫樂，有什麼比家庭美滿更窩心的呢？

案例2

公公是鰥夫，教職退休，很愛上網搜尋新知及購物，偶爾北上必帶鄉下土產及青菜給我們。他很疼孫子們，每逢生日、畢業典禮，我們夫妻結婚週年及聖誕節等，都會網購禮物直接寄到我們家，然後要我買漂亮的包裝紙一一包

好，再拿給孩子們。

我是上班族，從早到晚忙到不行，一想到這種瑣碎的額外工作就頭大，公公為什麼不先寄到他家，他閒著也是閒著，自己包裝好再寄來我家，或者網購時多付點錢，請賣家包裝好再寄出。

公公孤家寡人也很孤單，我不知要怎麼開口才不會傷他。如果我跟先生說，他一定說我小氣愛計較。他根本不瞭解我的心情，我真的很煩！

這案例所呈現的問題也可能發生在婆媳之間，只是公媳之間似乎更微妙了。媳婦對公公有一份尊敬，也有愛憐，她不敢讓丈夫去說，一則怕自己討罵，一則也擔心兒子對父親的溝通，不若兒子對母親的溝通來得軟性，但自己更不知要如何與公公談。總之，她就是覺得自己很忙，不想增加工作量，且認為公公自己可以做的小事，為什麼要叫她來做，因此產生抗拒心理，雖然心裡知道也感激公公疼家人的美意。

夫妻本應親密溝通、無話不談，一個體貼的丈夫應該懂得同理太太的生活

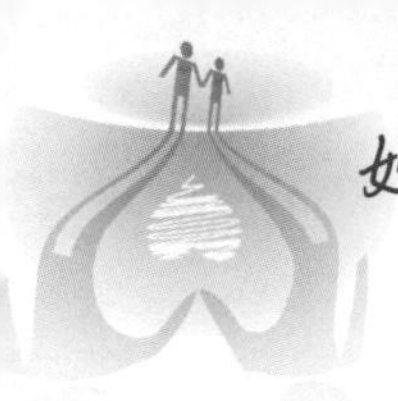

壓力，不強迫她一定照做，而是引導她正向思考。公公遠在南部自己生活，沒有增加子媳的負擔，又如此疼愛他們，網購禮物是他表達愛心及關切的方式，也是他與媳婦溝通的管道，何況一個大男人可能拙於禮物包裝，只好求助於媳婦，並不是故意加重她的工作。而且他必定認為公媳一家人，同心為著家人的禮物致送，是極其自然之事。當媳婦有新的認知後，心態就會改變，也就不會那麼排斥及煩心了。

包裝禮物其實不是多大不了的事，每個家庭都會面臨此需求。平常路過文具店就可買些包裝紙、彩色緞帶及美麗貼紙，而且也不是每份禮物都非要精美的包裝，可依其種類及型態，運用巧思來包裝。如果夫妻倆晚上能抽十五分鐘一起做創意思考、比賽巧思，也不失為一種情趣。

每個人收到禮物都會很高興，尤其是小孩，夫妻倆除了向公公道謝，也一定要教導孩子寫謝卡、打電話給爺爺，感謝他的疼愛。公公必然會很高興，這種情況下，雖然彼此分隔兩地，關係卻更緊密了。

總之，姻親關係是很微妙的，加上每個人的個性不同，相處並無公式可

套，只能運用智慧化繁為簡、化險為夷，能夠與配偶商量（而不是向他／她抱怨）亦為上策，再者就是找婚姻諮商師協談，共商處理之道。

24 家庭塑造人

夫妻之間的恩怨應以成年人的心態來處理，而父母對小孩的互動永遠要以小孩福祉為上。

外婆的訴苦

「老師，我的外孫小明自小乖巧可愛，大半時間是我帶的，相當黏我，當然是爸媽的寶貝兒子。但自從去年初我女兒離婚後，他跟媽媽的關係就變得很奇怪，有時聽話，有時頂嘴不順從。媽媽生氣就罵他不乖，叫他去跟爸爸住。」

「他爸其實不是壞人，問題出在我女兒，愛說話喜社交，與同事朋友的節目很多，而他爸經常加班或出差，回家看不到人，就氣呼呼地到我家來把小明帶回家，跟兒子數落對妻子的不滿，夫妻亦經常因個性不合而吵架。女兒覺得

兒子在我這裡最安全，所以有一半時間住在我那裡。」

「他們離婚後，女兒帶小明搬回娘家，週末父子會相見或同宿一夜，每次從爸爸那裡回來，小明就是對他媽臭臉相向，對我和外公是還不敢，只是我覺得他變得怪怪的。學校功課退步了，在班上好像也沒什麼朋友，班導師在聯絡簿上有說要多注意，我女兒就罵小明不學好，不知體諒父母賺錢的辛苦及外公外婆疼愛的苦心。」

「小明已經三年級了，我看父母也沒有希望復合，我只希望母子親密關係可以恢復，是不是小孩長大了就不再向媽媽撒嬌，還是他已進入青春期的叛逆？老師，您說這小孩該怎麼辦才好？」

外婆對小明關心有加，對女兒的離婚無可奈何，她只看到孫子的改變，卻完全忽略了夫妻不睦及離婚過程所帶來的連鎖效應。夫妻不和雖因個性有差，但畢竟是愛過且有結晶，理應自我檢討及互相討論問題出在哪裡，雙方承諾盡量做到各人的婚姻期望，在整個嘗試改進過程中，最要注意的是不要將孩子牽連進來，更不可對兒子數落另一方（父／母）的不是。

小明的爸爸首先犯了此最嚴重的錯誤，小明聽進耳裡，自然是同情爸爸，心理上與他結盟。父母離婚後他長住外婆家，當然感受到兩老的疼愛，頗有安全感，而母親因工作及社交在外時間長，自己也還未自離婚的傷痛中回復，專注在自己身上的心思較多，而且她也認為孩子在外婆手中，一切搞定，不需擔心掛慮，從來沒想過要進入小明的內心世界，了解他的心路歷程及情緒變化，而小明此時最欠缺的就是身體上、心靈上都能感受到母愛。再加上小明的父親也因自己的傷痛而無處發，乃將對前妻的不滿說給兒子聽，以致更加深了兒子對母親的誤解與怨恨。

教授的告白

「我今年五十五歲，家庭美滿，生涯順利，別人都說我有成就，我卻覺得是環境把我逼成這樣。我也不知道個性到底是天生的，還是被環境塑造的？我已經不記得我無憂無慮的童年結束於小學幾年級，只記得不知道從什麼時候開始，父母整天吵架，母親摔東西，父親奪門而出，然後就是母親掉淚竟夜等門。她無心做家事，只吩咐我去買便當給弟妹們當晚餐，身為老大，我當然照做，乖乖領著弟妹吃飯、洗澡、睡覺。」

「當時年紀小，大人的事搞不清楚。有一次聽到阿姨們在誇她們的戰績，原來是媽媽姊妹三人在小三家門口堵她，痛扁一頓，但也因此爸爸一星期沒有回家，媽媽又在家抓狂。這種戲碼經常上演，我爸說小秘書已有身孕，跟定他了，只要媽媽肯接納，他保證兩邊都會兼顧，大家和平相處。媽媽和娘家人的決定是，只有一個家庭能存在，限定丈夫立刻回頭，結果爸爸就帶著小三到海峽對岸去建立小家庭，此後父母婚姻成為有名無實，至今整整四十五年。」

「在我成長過程中，我很怕別人知道家中這種狀況，在家裡和弟妹們又得常接受母親不定期的發作——數落給予經濟支援的婆家人及咒罵遠去的丈夫，所以我話很少，也很少表達自己的意見，越不引人注意越好，而我們四個孩子就在一切不能說也不敢談的陰影中，帶著沉重的心情長大了，帶著自卑感各自努力念書，畢業後亦努力工作，就是怕被別人瞧不起。我們四個雖沒有敞開心懷真正談過這些事，大家心照不宣，卻在人生過程中互相關心扶持，立業、成

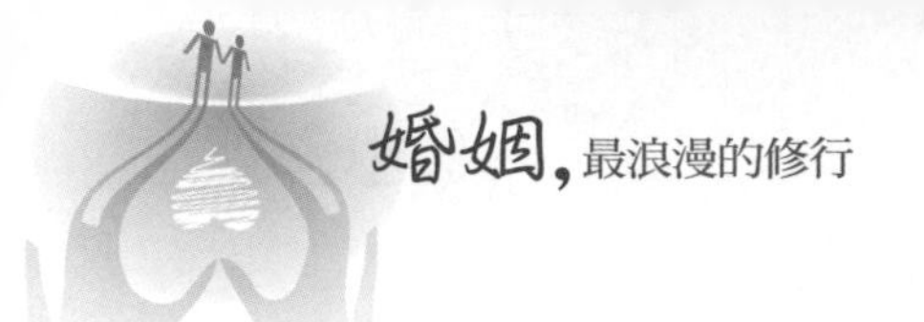

家、生子，各自發展。」

「我是教授，大妹是小兒科醫生，小妹在電腦公司任主管，弟弟住美國，在電力公司上班，如今媽媽已八十歲了，二十年後終於想開了，不再怨恨，只想與兒孫一起開心地度過晚年，我們也對她很好，每一家輪流住三個月，感謝上帝，她還很健康！」

「兩個月前父親全家回台度假，就在回上海的前一天心臟病發，住院急救搶回生命，八十一歲的他，雖然每年會背著同居人及兒女在台灣與我們四個小孩見面，在加護病房老淚縱橫地要求現在的老伴急電要見我們。我第一個趕去，看到他的同居人對他照顧得無微不至，瞭解到他們感情深厚，已成生命共同體，心中哀嘆母親沒福分，深切地感到兩個個性不合的人硬綁在一起，是多麼的悲哀！」

「我今天來，只是想要確認我這內向的個性是不是原生家庭造成的？如果沒有這些事發生，我會不會變成另外一個人？說不定也會有外遇？還是這一切都是天注定的？」

夫妻個性不合而有外遇的現象很普遍，有因外遇而離婚，也有破鏡重圓，亦有與小三結婚的，而教授的父親卻是出走婚姻與外遇同居四十五年，兩邊都不完整，但是有實質婚姻者才蒙其利，至少他們享受及度過婚姻生活並建立完整家庭，而原本的家庭則是殘破不全，由母親帶著破碎的心與無盡的傷痕將四個懂事的孩子拉拔大，但也種下他們自卑、失落、失望、不滿足的情緒根源，形成不開朗的人格，尤其是心理負擔最重的老大，把他壓成非常內向之人。

父親為了追求自己的感情，丟下一切離開家庭與摯愛遠走他鄉，必是很沈重的決定，他以為元配必會將孩子照顧得很好，不用他擔心，卻沒想到孩子需要的是雙親的關愛。離婚本身不是壞事，重要的是分開的父母如何各自及共同地向孩子表達關愛，使得他們有足夠的安全感及確定性，這位父親已經傷害了幼小的孩子們。

母親與孩子相依為命，當然是更愛他們了，以至於家庭界線不明，心情不好時就抱怨、訴苦，更常耳提面命兩個男孩長大不可像父親那麼絕情，雖然感受到母愛的確定性，卻也整天生活在不定時炸彈的家庭裡，因此孩子們已養成左耳進右耳出，及「不說不被罵，少說少錯」的應對方式。這位母親也因走不出自己的痛苦而無法感受到孩子的無言心酸。

孩子對父親仍有渴望、有感情的，因此教授獲知父親病危後第一時間趕去探望，面對現實時，他才忽然領悟許多事情，也才敢去打開他塵封幾十年的潘朵拉盒子，找回從前的自己，看到那個無助的小孩如何成長奮鬥至今，也瞭解到自己是如何被家庭塑造的。

第一個案例與第二個案例本不相干，但細讀之後可以看出其關連性。夫妻之間的恩怨應以成年人的心態來處理，而父母對小孩的互動永遠要以小孩福祉為上，即使孩子們感受到父母的不合，父母也應以小孩能接受的語言來解釋大人有許多事情意見不同，做法各異，但都與孩子無關，就是吵得再兇也是一樣愛孩子的，並且要鼓勵孩子說出對父母的心中感受，安撫他不安的情緒，傾聽他的想法，盡力疏導之。

母親在家陪小明的時間本不多，又很少聊一些小明感興趣或關心的事，他心中有欠缺，再加上父親老是對他說一些對母親不滿的話，他逐漸激起怨隙。

但他這個人愛恨分明，對外公外婆一如往昔，對母親的態度開始改變，以語言及行為外化，挑戰母親的權威，讓母親覺得孩子是第二個前夫，激起心中怒火，開始教訓兒子，於是親子互動不良，形成負面關係，外婆看在眼裡乾著急，卻不知如何幫忙。

小孩的症狀都已經如此明顯了，家庭治療已是刻不容緩，才不會像那位教授一樣，縮在自己個性的殼內，帶著傷痛長大，然而離婚夫妻的伴侶治療應是第一步驟。外婆憂心忡忡，不妨極力建議女兒與前女婿為了兒子的福祉一起去做離婚後諮商，學習放下仇恨，和平相處，平日各自生活，各人與孩子見面或一同與孩子相處時，以孩子父母的身分及朋友的角色一起來關注孩子，絕不說對方一句壞話。孩子看到父母的轉變，他緊繃的心情會放鬆，也因為父母給他愛，他才能放下心中不滿。

這是理想的做法，倘若前夫拒絕再與前妻有任何來往，他自認親子關係無礙，母子關係由前妻自己去解決，則媽媽可帶著孩子去找家庭治療師，修補親子關係。母親當然得先做個人諮商，看到自己本身的問題與教育孩子的態度／

方法，學習與孩子溝通及表達愛的方式，然後再一起進入親子諮商，在諮商師的引導下，母子釋放積壓、誤解，說出期待、表達感情，必要時也可以邀請外婆加入。

母親再忙也得抽空到學校向班導師及輔導老師說明自己正在做的努力，請她們幫忙輔導孩子，並主動要求加入輔導室的媽媽活動，讓孩子在學校有機會看到媽媽對學校活動的參與，感受到他在學校的生活也被關心，至少這是她能做的部分。

外婆疼孫子始終如一，她去參加治療，也是一種學習，瞭解到來龍去脈及影響後，她可以用她的方式從旁協助女兒教育孫子，打開她的心結。

小明雖已三年級，但家長發現問題及時處理，還是可以亡羊補牢，避免一輩子受苦。現實對小孩雖殘酷，卻可以在父／母的陪同下一起面對，正常成長。「家庭塑造人」五個字很簡單，卻是意義重大，影響深遠，為人父母者不可不知。

25 孩子是夫妻共有的「情人」

孩子是夫妻「愛的結晶」，理應共同珍惜、養育，而不該成為吃醋、爭寵的工具。

案例1

小玉六歲，黏媽媽黏得緊，心情不好時找媽媽、天黑後絕對要待在媽媽身邊，甚至晚上要睡在一起。為了讓小玉慢慢習慣回自己房間睡，媽媽陪在小玉房裡同眠四個月了。

我和太太是在美國讀碩士時認識，回國結婚後就住在臺北。她與父母不和，很少來往，也不喜歡和我一起回南部探望我父母。她，只顧著現在的家，因為愛她，我盡量順她意。

我挺喜歡目前的工作，但太太嫌薪水不高，要我換工作，我拒絕了。我希望她也可以全職上班，但她堅持兼差以方便照顧小玉，因此，家庭經濟有點緊。

我們最大的問題是，生下小玉後，我倆的蜜月期就結束了，她全心在小玉身上，一點哭鬧就抱著哄著，家事全都是我在做。小玉心情好時會找我玩，卻不願意和我睡，好像沒有安全感，這讓我有點失落。

更大的失落感是夫妻之間只有日常交流，話題也全圍繞在小玉。

某晚月圓，我們一起看月亮。望著美麗的月色，我輕聲說：「把小玉哄睡，我們倆一起賞月吃冰淇淋吧！」

她回答：「我要陪小玉睡，不然她會睡不著！」

她生日時，我買了一打玫瑰花送她，她居然說：「應該把錢省下來給小玉買衣服！」

我最憂心的是小玉會被寵壞。太太對她從來不打不罵，凡事順著，想吃什麼就去買，玩具亂丟也沒教，做錯事更不會指正，連我要管教都不讓我插手。為此事我們常常鬧得不愉快。

我真的不知道我的婚姻是怎麼了！

案例2

剛結婚時，我們開了一家藥店，他是藥劑師，我是助理，很多事情他都會跟我商量，耐心教我。那時，我們努力建立人脈，與顧客的關係也不錯，生意愈來愈好。後來，兩個孩子接連出生，我前面顧店，後面照顧小孩，非常忙碌，但是想到他除了顧店還必須外出應酬，就不太去麻煩他了。

我對兩個小孩很用心教導，獎懲分明。丈夫看到小孩哭，就哄著抱著，還當面責怪我太嚴厲了。他很會跟孩子玩，打打鬧鬧，玩成一片，所以，每當他從外面回來，孩子都跑去找他。

隨著孩子長大，我們有過多次爭吵，不是他經常在外與朋友喝酒聊天到深夜，就是教育孩子的理念不同。他總是說我管教太嚴，我卻認為他根本沒在教孩子，尤其老大已經十五歲了，做爸爸的還是又抱又親，父女倆像有說不完的話；兒子小六，卻讓他喝啤酒，說是有乃父之風。

說實話，我有點嫉妒女兒，先生對她好溫柔好關心，看她的眼神充滿驕傲。他從來沒有如此對我。我總覺得我的婚姻好像缺少了什麼，大概就是所謂

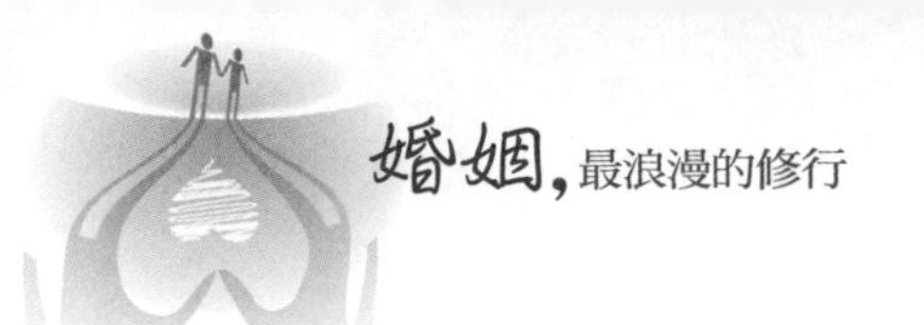

的親密感吧！我真的覺得很委曲，什麼事都是我在扛，先生卻贏得孩子的心！

孩子是近因，而不是起因

女人當了媽媽以後，幾乎全心全意照顧孩子，每天餵、抱、哄、洗，再也沒有時間和精力顧及丈夫，導致先生有被冷落感。不過，這種現象通常只是短期的。就算有些先生看到女兒和媽媽比較親近，或者兒子比較聽媽媽的話，也不會介意，只期盼家庭和樂。

只是，上述兩個案例，看起來像是母女結盟或父子女結盟，使得爸爸／媽媽一方勢單力孤。

到底是因為有了女兒，導致夫妻感情疏離，還是因為夫妻感情疏離，造成一方專注於女兒身上？

其實兩者皆有可能。不過，這兩個案例中的婚姻演變至此，其來有自。

A妻不喜與長輩相處，丈夫予以尊重，且為了彌補自己不換工作的堅持而盡量分擔家事。但是A妻總覺得先生沒順她的心，乾脆寄情於女兒，同時造成

孩子對她的依賴。

比較糟糕的是，她讓女兒自小與她同眠，沒有培養她獨處與適應黑暗的習慣，並且還犧牲了丈夫與自己獨處、同眠的時光與樂趣。A妻或許覺得丈夫、女兒兩邊都可以兼顧，其實對丈夫卻已經是不公平的。

親子共眠，A妻必然會擔心女兒被吵醒，而拒絕與先生做愛，或是草草了事。事實上這麼做的確是有風險，可能讓小玉看到不該看的畫面。

A妻心中的結一直沒打開，也懶得與先生溝通，把心思全用在女兒身上。她討女兒歡心的動力遠超過對丈夫的欲求，加上丈夫常批評她縱容小玉，夫妻倆各有各的想法，歧異愈積愈多，沒有宣洩、不做溝通，於是演變成各自心中的大石塊。

醋意，來自於欠缺

「案例2」的B夫，聽起來不算好丈夫，但也不是壞丈夫。他開了西藥房，打下基礎後就丟給妻子，自己向外發展，的確有點大男人主義。他回家後就只逗孩子們玩，還嫌妻子管教太嚴；妻子辛苦半天，他沒有憐惜也不幫忙，自然讓妻子感覺若有所失，卻又感到一絲絲欣慰。

B妻就是太能幹，內外都打點得很好，加上平日表現總是理性超越感性，以解決事情為前提，忽略了情感的表達。整體看來，丈夫不是不愛她，而是難以親近她。

再強的女人也有脆弱的一面，B妻與丈夫單獨相處的時間不多，洗澡睡覺均為例行公事，但她何嘗不希望丈夫能夠柔情相待。

B夫的不表達，是因為不知道妻子會如何反應；B妻內心強烈的期盼不說出口，只能如常互動，缺乏真情的交流與連結。

兩個孩子都很聽媽媽的話卻不敢撒嬌，只敢向爸爸撒嬌，做爸爸的自然高興，親熱回應，但這正是B妻所渴望的，於是看在眼裡不免萌生醋意。

我們常說「掌上明珠」，意指父母對獨生女兒疼愛有加，但是如果女兒變成父親或母親單一方的掌上明珠，就不見得是好事。A妻的掌上明珠與B夫的掌上明珠，都是無辜的，不經意中，間接導致父母的婚姻走下坡。

夫妻關係，是關鍵密碼

孩子本是家中寶，怨不得且無法消失，要挽救這兩對夫妻的婚姻，就只能回到源頭：夫妻關係。

因為生養孩子而使夫妻生活的重心改變，兩對夫與妻各自有生活重心，雖然對家庭是同心的，但彼此的分歧卻不少，尤其隨著孩子漸漸長大，生活型態逐漸固定，溝通方式也呈表面化，談話內容愈發狹隘，怨氣也不少。此時就像堵塞的水管，需要被打通，亦即夫妻必須重新來過，回到當初蜜月期的互動，專注地關心彼此、建立鞏固的夫妻關係，同時共同討論教養和疼愛孩子的方式、分擔照顧孩子，進而同享親子親密的樂趣。

唯有夫妻雙方都有意願打破目前的生活型態，透過階段式進程，逐個問題去處理。如果覺得雜亂無頭緒，也可以找婚姻諮商師幫忙釐清問題，協助處理。

26 別讓青春期來搗亂

緊張的親子關係，往往牽扯出緊繃的夫妻關係。

案例1

老婆有穩定工作，我每個月必須去大陸出差一周，兩人都沒時間照顧兒子，於是送他到私校住校，一直到中學畢業。

兒子成績普通，不過個性樂觀，去年還考上不錯的高中。可是，上了高中以後，成績卻愈來愈差，講他幾句，就叛逆地大聲回話。

以往下課後，他都是先回到我媽家。等待的時間，他就上網玩遊戲，不做功課，直到我們下班回來，叫他吃飯才吃，且邊玩邊吃。我們要回家時，他總是不肯，硬要玩到九點才回家。

問他成績怎麼愈來愈差，以後怎麼上公立大學？他竟然回說，不知能不能

活到那時候。他說自己想自殺，說「活得很沒意思」，除了去學校比較好玩，其他都不好。

天啊，現在他什麼都說「無所謂、隨便啦」！我們做父母的卻是急死了。請問要如何教他想法正確、不偏激，做個正常人？

案例2

我家老二硬是要讀一個跟哥哥不一樣的國中，很遠且是美式教育。原本我很反對，後來想想，他高興就好。最近他吵著要買手機，他爸不給，我好言勸說，等他讀國中後表現良好，成績有進步就買給他。

上週六，他爸爸要他拿店裡的空瓶罐去賣，賣的錢全給他。他不要，說要去打籃球。昨天晚上，他六點半吃過晚飯就不見人影，十點才回家，問他去哪兒也不說。一直追問下，他才說是陪同學在學校（他經常沒交代就往外跑）。

我希望他別變壞，他爸竟說變壞是他的事。唉，父子脾氣一樣不好：暴躁。

也許我該花更多時間關心他，但我白天上班，晚上回到家還得幫忙丈夫顧店，實在忙不過來。

忙碌的夫妻，養出茫然的孩子

做父母的，總是關心、疼愛孩子，只是，不知道從什麼時候開始，小孩逐漸有自己的主張，聽不進父母的教誨，還出現與父母期待相牴觸的行為。這就是叛逆期，也是父母最頭痛的時刻。

忙碌的丈夫總覺得妻子比較不忙，所以當子女沒帶好，免不了嘮叨幾句。妻子自然不甘示弱，認為孩子又不是她一個人的。於是，緊張的親子關係，往往帶出緊繃的夫妻關係。

案例A中，A夫體諒妻子忙碌，加上自己常出差，只好讓孩子住校，或是下課後去奶奶家做功課。

沒有父母的陪伴，以及督促時間不足，孩子就出狀況了。他說「活得沒意思」，真把父母給嚇壞了。

A家兒子缺乏讀書動機且沉迷網路遊戲、對生活中的人事物沒興趣、對父母的期待充滿反抗，正是許多青少年的寫照。好在他並不討厭上學，也喜歡和同學在一起。因此父母大可不必驚慌，也不要施以課業壓力，只要提醒他每個學科一定要低空掠過，才不會失去和班上同學同進同出的機會。另外，父母不妨找學校輔導老師談談，拜託輔導室及導師多觀察多關懷，並常與之談話。

其次，孩子小時候待在奶奶家尚可，高年級或上國中以後，最好是回到自己家，由父母親自督促做功課。此外，藉著全家一起吃飯的時間，可以聊些學校生活及個人想法，父母也可以分享自己的工作狀況，全家才能有互動有連結。因此，不管是父方或母方，都得在工作上做點犧牲，多花時間帶孩子，陪他們走過人生重要的一段路。

孩子叛逆，更需要夫妻同心面對

案例B中，夫妻都忙，太太上班之餘還要幫先生照顧店面，與孩子相處的時間更少。妻子以丈夫為尊，順從他的權威式教育，希望孩子配合家庭，但老二目前正處於青春期，他的叛逆表現其實是正常的。

此時期的孩子大多想要擺脫家庭管束，他們只在乎、認同同儕關係。

老二或許是看到同學有手機，才會也想要。他寧可不賺零用錢，也要和同學去打球，可以看出他看重友誼、喜歡運動，其實是好事。

至於他留在學校陪同學到很晚，相信必有原因，只是他不喜歡被盤問，覺得自己並沒做錯事。所以，如果媽媽能用另一種方式跟他溝通，說不定他會道出原委。

對於有反抗心理的孩子，絕不能使用高壓政策，孩子絕對會反彈。更不能拿他和其他兄弟姐妹相比，會讓他自暴自棄。要順著他的喜好，好的部分多稱讚，無益的事也要先聽他說，不要立即反對。孩子願意多說，父母才能多瞭解，然後再分析利弊、表達觀點，引導孩子自己去分辨。

B家老二選擇打籃球或留在學校裡陪伴、關心同學，都是好事，值得讚許和鼓勵，但因為父母不知道他在做什麼，難免擔心，所以請他先報備後必核准，如此雙方有共識就容易相處，孩子也才能感受到父母的愛。

有心，是親情、婚姻的最佳穩定劑

曾經有兩位媽媽在團體諮商中分享她們的「慘痛」經驗。

李媽媽看到近幾年男生流行戴耳環，於是告誡自小愛美的兒子千萬別穿耳洞，「男人要有男人氣概」，沒想到某天，兒子下課後晚回家，耳朵上多了兩顆亮晶晶的假鑽，媽媽氣得說不出話來，有種被背叛的感覺。當丈夫回到家時，她撲到丈夫懷裡啜泣，丈夫溫和摟著她說：「時代在改變，這一代的男孩戴耳環算酷、秀流行，我們只能勸自己學著欣賞吧。何況他只是追求時尚，又沒做什麼壞事，接受吧。」

王媽媽一向自以為先進，對於青少年的作怪都能接受，唯獨刺青。為了怕讀高二的兒子哪天先斬後奏，就先給兒子打預防針，說刺青是黑道的標誌。沒想到兒子反駁：「可是刺青在我們這時代是凸顯個性，很性格耶！」

大一暑假，有一天兒子回家，右手臂上有一小片藍，上面居然是爸媽的合影。

王媽媽如雷轟頂，她心痛家教無效，但一想到兒子忍受一針一針的痛，刺上父母肖相，更是心疼不已。她忍不住抱住兒子：「謝謝你愛媽媽！」兒子的行為未被責備，他表達愛的方式被母親接受，親子關係比平時更穩固。

不論是背叛也好，作怪也罷，絕不能亂貼標籤。教育青春期的孩子，要尊重他們、理解他們、靠近他們；瞭解他們的感受、動機、渴望與追求；細微洞察其心理變化，同時還要巧妙地運用鼓勵、賞識教育，放大孩子的優點。需要批評時，需柔和指正，不使用肢體暴力與語言嘲諷，這樣才能將孩子的行為化為正能量，並且留下溫暖的記憶。

27 放手讓孩子飛，化解母子共同依賴關係

唯有接納孩子已長大，有自己的生活與人生，才能脫離母子相依的共同依賴心態。

案例1

丈夫有外遇要求離婚，玉美就放他自由，和十歲的兒子共組單親家庭，平日她上班兒子上學，回家溫馨相處，周末則做禮拜及參加教會活動。玉美在感情方面雖有遺憾，親情卻可以彌補，因此生活平靜知足。

轉眼兒子十八歲考上大學了，卻終日顯得悶悶不樂，有一天居然哭倒在母親面前請她原諒，他說，「媽，我不想再騙自己，也不想瞞妳，我是同志！」真是晴天霹靂，玉美不能相信，抱著兒子哭，求他在大學期間不可現身更不能交男友，兒子勉強答應了，他很想多和母親溝通，玉美就是避而不談。

自此之後，玉美非常自責，認為自己服侍主不夠，且教育失敗教導無方，居然讓魔鬼附上兒子，每天花更多時間禱告，也生活於罪惡感中。兒子倒是挺乖的，大學四年功課好，在社團表現亦傑出，玉美正在欣慰兒子的遵守諾言，卻無意中在兒子的電腦上看到一封尚未發出的電子郵件，原來兒子在網路上交了一個美國男友，用字遣詞都流露親密，兒子非常期待他來台遊玩。

厲聲質問下，兒子坦承已在網路交往一年，彼此相戀，對方一直在打工存錢，打算半年後來台會面。玉美全身發抖地指著兒子，「不准發生性關係！」兒子告訴男友他的困境，男友說性關係是次要的，兩人見面培養真實感情才是他來台的目的。玉美自此又跌入焦慮苦痛的深淵，每天都擔心美國的魔鬼來台吞噬寶貝兒子，不斷的禱告也無法安心，又不敢跟教會的兄弟姊妹透露，她快憋死了。

母子關係緊密是好事，但玉美對於兒子的依附太深了，作為一個教徒，她無法接受兒子是同性戀，認為是魔鬼附身，所以不願與兒子談此議題，就是一味地反對、禁止。身為母親，她深切希望兒子照她的期望長大過人生，從來沒有自兒子的立場來感受，自然無法進入他的內心。

有這樣的母親，兒子必然也是壓抑得很痛苦，自小到大就在掙扎自己的性向，等確定之後又掙扎是否要說，就因為是乖孩子好兒子，他不想欺瞞親愛的母親，鼓起勇氣選擇向母親出櫃，結果他的好意卻促使母親入櫃，每天忐忑不安，與上帝說話的時間遠比和兒子溝通來得多。

兒子在現實生活中無法做自己，只好在虛擬世界中求慰藉，交到情投意合的網友，書信影音往返一年，成為感情寄託的心靈伴侶，只可惜被母親發現，又面臨母命難違與追求自己愛情的兩難。教會是不接受同性戀的，兒子不願意在教會扮演異性戀，就不願意再去教會了，玉美因此更生氣，把氣都出在還未來台的老美男友身上，整天對著兒子罵他網路男友，母子關係更形緊張。

心理學家約翰包比（John Bowlby）的依附理論原本是指一個人為了得到安全感而尋求親近另一人的心理傾向的理論，通常是指幼童因為社會與情感需求，而至少與一名主要照顧者發展出近關係，以避免日後造成其心理與交際功能長久的不健全。玉美母子在單親家庭中互相依附是自然的，如今兒子長大了，不論他是同性戀或異性戀，都得自相依關係分化成獨立個性，母子應各自有獨立的生活，形成健康的成人親子關係。

然而玉美依附性太強，又有恐同症，一定要掌控兒子的感情生活，兒子又因事母甚孝，盡量迎合母親，但自己有親密需求，感情的滋長也是自己難以控制的，母子倆形成痛苦的共同依賴，產生未言明的規則，不敢去討論存在於兩人之間的敏感議題，不贊成以誠實開放的態度表達感情與想法，或直接坦然溝通，而且所期待的往往不符實際。

而這份關係中的真正共同依賴就是媽媽玉美，她讓「我的兒子不能是同性戀，他不可以和男人發生關係」以及「我有一個同性戀兒子」的認知來影響自己，並對於控制兒子的行為十分執著。不久的將來，老美男友真的飛來台灣，兒子必然會與他在外面相見，母親在家必會抓狂，母子關係將會面臨挑戰，因此現在這個時間點，母親，而不是兒子，先去做個人諮商，認識同性戀，釐清母子關係的界線，化解積壓情緒，審視「愛」的定義（母對子，子對母），重新框架成人親子關係，學習分化。然後母子再一起去做家庭治療，展開對談，說出內心話，表達親情，建立親密的母子關係。

但這說起來簡單，做起來可是一段很長的歷程。玉美是虔誠教徒，同性戀及婚前性關係都是不能接受的，唯有改變她對這兩個議題的看法，諮商才能有進展及結果，因此只有當她瞭解兒子生來就背負的性傾向，感受兒子對媽媽的愛心及孝心，她才能逐漸化解心中的高牆成為母愛的泉流，兩個人的後半生才能過得知足快樂。

華人社會自古以來母親在成人親子關係中是共同依賴者的現象比比皆是，古裝劇中母願代子受過或乾脆承認是自己犯下的罪行，以免兒子受罰。現代社會中有些重大槍擊要犯的母親也因「子不教母之過」而以自責來懲罰自己，內心卻縱容孩子的過錯，因為她一直是愛子太深，過頭了就害了他，自己的人生也不好過。

案例2

慈惠看見兒子悶悶不樂，一問之下才知交往兩年的女友欲分手。這已是第三個女友了，做母親的明知她們是受不了兒子的佔有欲、霸道及難溝通而求去，但就是不忍心看他垂頭喪氣，而且自己也挺喜歡若蘭這個女孩，乃偷偷約她出來喝咖啡。

若蘭在長輩面前不敢抱怨，只是一味地嘆氣，表情楚楚可憐，慈惠則淚眼汪汪地訴說兒子以前的兩段情史，女友皆因他脾氣壞而離去，她一再強調兒子以前任性、不成熟，現在已二十八歲了，就是太重視與女友的感情才會不由自主地想要常見面，也就是因為太親近才會常發脾氣。

若蘭一再地搖頭，表示不想再交往，慈惠則老淚縱橫地求她再給兒子一個機會，就這樣磨了兩個鐘頭，若蘭心軟點頭，慈惠才如釋重負地回家。次晨兒子就當面邀請女友隔週去香港旅遊，兩人溝通後同意重新來過。不料一路上男友惡性不改，故態復萌，說出來的話不是傷人就是侮辱人，若蘭板起臉來不肯回答她是否有別人，回到台北又吵，若蘭終於下定決心分手，鄭重向他宣布此後不再見面。他完全沒有想到自己的言行會導致這樣的後果，由失落傷心轉成仇恨憤怒，跑到女友公司附近，尾隨她下班至巷內，狠狠地砍了她四十三刀，氣絕身亡。

殺人當然要受法律制裁，且得接受心理治療，母親必是心痛如絞，然而有必要先做心理輔導的，當然是慈惠了，就因為她在婚姻中為強勢者，教育孩子是以她自己的方式，總是把孩子看成她的一部分，仍視他為小孩，寵他溺他，以他的喜樂為自己的使命，明知兒子任性霸道且有點陰鬱，有時不知他在想什麼，卻從未教導他在感情關係中的相處，只是傳統地認為男性應主導感情，在關係中求去的女孩罔顧多年感情，是不懂得珍惜愛情的人。

兒子的個性是自小到大形成的，他覺得自己聽話，好好念書，進一流高中及大學，經常被父母及親友稱讚，自然是條件不錯的人選，沒注意到自己的脾氣、個性，在感情關係中並不適用，交往中總是無法磨合，他就開始怪對方沒有情義。母親可以感覺到兒子的心思，愛子心切，才會私下約兒子的女友出來，求她回顧過去兒子對她的好及快樂時光，再給兩人一次機會。母親的問題在於無法與兒子分化，都快三十歲的人應學習處理自己的人際問題，母親此時出主意或忠告易流於主觀及私心，兒子的情緒起伏她其實無法去控制，兒子的感情問題她也無法心想事成，慾求無法達到，只有令自己更痛苦。

《每一天練習照顧自己》的作者梅樂蒂碧緹（Melody Beatie）在書中曾提到人們其實一直在做「共同依賴」行為，「一方面擔心自己會厭惡他人，一方面試圖幫忙，使用的方式卻無濟於事，口是心非不說，還千方百計試著要他人凡事都用自己的方式看待，或是委曲求全，為的是避免傷害他人感受，但卻同時傷了自己。」

文中談到的兩位母親充滿母愛，想要保護在乎的人，並給予幫助，這是人之常情，然而不論兒子有什麼問題，母親的共同依賴都涵蓋她們對自己及兒子的想法、感受與行為等習慣，而這些慣性卻都會帶來痛苦。因此共同依賴行為或習慣都在自我傷害，不僅經常回應對方，也學會傷害自己而不自覺。

分化與放手是為人母者在這種狀況下的兩個目標與歷程，唯有接納孩子已長大，有自己的生活與人生，才能脫離母子相依的共同依賴心態，也只有放手讓他飛，對關注的寶貝孩子放下執念，他們才能開始關注自己，過自己的生活。

28 父母不可不知的子女性愛感情困擾

父母是過來人，若能客觀地依據學理及實際生活，才能讓這些小大人瞭解夫妻雙方的共識、同心及目標。

有一次應邀至某國立大學某位教授的課堂上「插花」教學，講授「大學生如何談性說愛」，這門課同時還有遠距教學，連線至另外兩家大學的通識課程，總共約有三百位學生聽課，講課約九十分鐘，留下三十分鐘給同學們發問。也許是題目太敏感，只要有「性」的字眼，大家都害怕對號入座不敢發問，好在事前就告知可以寫在紙上，果然，當場就收了三十張紙條，而遠距教學那一端也送來七十個問題，可見年輕學子心中對性愛感情有諸多疑問。

這些問題盤桓於心中，不好意思問同學，問也問不出答案，更不會去請教父母，這就是兩代之間最大的隔閡，不知道孩子們的性愛感情觀及實際狀態，他們不問父母不會說，因為父母真的不知道如何與子女談性說愛。只有像這種公開的演講，老師講的內容觸動了年輕男女的心，他們就會適時發問，每一個問題都是發自內心的，或是因親身體驗有感而發，非常值得父母、老師及輔導人員正視之。

大部分的聽眾是大二學生，有小部分是高年級，因此發問的範圍甚廣，自個人疑問至兩性互動，甚至婚姻及同性戀等，茲分類敘述如下：

1.兩性友誼的質疑：「男女間有純友誼嗎？」、「單獨出去玩的男女算是單純朋友關係嗎？」這類問題女生比男生更想知道。朋友和戀人當然不一樣，純友誼是不分男性女性的，而其中有一方想要成為戀人，純友誼就不再存在了。為什麼會有質疑，其實是男女互相喜歡，誰也不好意思先表白，女生大都在等男生表白，但男生很怕被拒絕，關係停在曖昧不明的狀態中，因此女生的紙條有好幾張是在問「男生為什麼喜歡搞曖昧」，其實她沒想到男生對女生也會有同樣的疑問。

2.缺乏自信心：女生／男生都感嘆自己交不到男／女朋友，如「自己太

man」、「喜歡他卻沒安全感，不敢親近」、「哥兒們很多，卻沒男友」、「如何與異性從普通聊天變成曖昧一點」、「要怎麼知道自己是否喜歡對方？」，大學生在感情方面缺乏經驗，內心焦慮，表達笨拙或生澀，若能視之為成長歷程必經之途，順其自然接受，同時也願請教師長及諮商輔導老師，學習認識及建立男女／女女／男男感情關係，不要使用反向作用的自我防衛機轉來保護自己（欺騙自己及對方），也就是說要對自己的感情誠實，與對方正常交往，從朋友做起，很自然地聊天，聊多了就因認識及瞭解而知道彼此是否能進一步發展。

3.感情互動：「被告白的女生回應目前只想專注課業，畢業後才考慮交男友，該如何說服她」，「男友從未想到跟我是否有未來，是不夠喜歡我，還是只是談戀愛不去想以後的事？」、「兩人相差七歲，對未來規劃無共識，且男方已達適婚年齡」、「與交往兩年的男友有親密愛撫，但有時看到心儀男生仍會有心動及遐想」等問題中可看出女生的擔心較多，較傳統思考的就比較依賴男生，在一起就要想未來，而態度開放的則吃著碗裡看著桌上的。很明顯地，男女雙方不是溝通不足就是感情基礎不夠，甚至只是認定雙方，卻不是真愛。而告白對象無意交往的男生卻單純到相信她的藉口，還想說服她，將她追到手。像這類問題絕不是三言兩語可以回答的，與父母商量、對談或去做心理諮商，才能有洞察及新行動。

4.性愛：「一定要有性嗎？柏拉圖式的戀愛可否長久？」、「學校女生太少，乃玩交友軟體。與陌生女性發生關係，心態正常嗎？」、「交往時間久了，對女友的性慾變低是正常嗎？」、「性愛分離純砲友，可以嗎？」、「二十一歲還是處男，以後會不會有問題？」、「我喜歡跟男友做愛，但有罪惡感，怎麼辦？」、「閨中好友跟她男友做愛都沒戴保險套，但月經來前又開始害怕，是她太愛男友，還是男友不夠愛她，太自私？」

現在年輕學子一旦交了男女朋友，就會進入性愛這個關卡。大學生血氣方剛，肉體相近，很容易點燃慾火，往往在心理沒有準備好的情況下就進入親密關係，女生因愛而沉溺，男生為性而上癮，通常是只做不談，暗自享受性的歡愉，卻無性的溝通。有的女生對婚前性關係易有罪惡感，或情慾還未完全開發，只是順著男友而為，時間一久，性關係就會產生問題，而有些男生還不懂得「愛」，生理上被「性」所驅使，明知不妥，亦有陷入砲友關係的情形。

處女／男情結在二十一世紀仍是年輕人心中的糾結，男生擔心自己還是在室男，想藉著性關係來證明已是成年男子，而女生往往因「愛」昏了頭而給出第一次，自然認定對方是結婚伴侶，一旦發現不合適或對方劈腿，就傷心欲絕、失去自我。當然也有人認為既然第一次已經失去了，那麼再來幾次也就無所謂了，光是這個「處女／男情結」，男女生就有如此多的不正確觀念，以致於使自己陷於關係的苦痛中。

大學生是成年人，享有性的權利，父母是無法干涉的，但天下父母都希望自己的孩子可以有順暢的感情關係，在這方面不去傷人也不傷己。無論知不知道他／她們有無性關係，父母可以以成人對成人的角色與子女談論人性及性慾，討論性教育，包括避孕、懷孕、生育及墮胎，讓孩子們知道父母關心但不禁止，也不責罵，而且是重要的資源中心。父母的重要任務就是導正子女們的性愛感情觀，並鼓勵他們去做心理諮商。

5.劈腿：遠距教學課程其中的一所大學，女生為多數，傳來的紙條名列第一的問題居然是「劈腿」，如「劈腿男有慣性欺騙」、「慣性劈腿的人是什麼心態？」、「如何走出被劈腿的陰影？」、「劈腿被發現又兩邊都不肯放手，是想怎樣？」、「如何看出另一半偷吃？」等。

婚前劈腿與婚後外遇不同，婚前的承諾是道義上的責任。年輕人因為某些特質互相吸引，或因近水樓台，或因只是想談戀愛，交往後才發現不是很合適，正好又遇上另一有吸引力的異性，就不知不覺難以克制地腳踏兩條船，正宮及小三可能都被蒙在鼓裡。當然劈腿的不限性別，但以男性居多，是因為男生比女生不會溝通，寧可不說，直到被發現為止再說。

劈腿行為在婚前常可見，尤其在大學期間，談情說愛本是年輕人練習人際關係的歷程，大學時代的戀愛也不一定會開花結果，因瞭解不合而分開本是正常，問題在於如何談分手及行分手，而不是藉第三者來結束原先的戀情。被劈腿者被欺瞞又被迫分手，情何以堪，極端者還會毀人而後自毀，因此現在大專院校紛紛開設分手課程，學生諮商中心也舉辦劈腿、分手及原諒等主題的講座，替學生們打預防針。

父母若平時能與子女談情說性，開放溝通的管道，得知子女劈腿時，引導思考及處理感情關係，或者支持子女面對被劈腿，陪伴傾聽，協助度過分手及失意的傷心時光。

6. 婚姻：大三、大四的學生已有穩定感情關係，心中有婚姻藍圖，卻因周遭親友遭遇或社會新聞，她們所列舉的有關婚姻的問題似乎有點負面，除了「婚姻中如何維持男女平等」及「婚姻是建立在精神層面嗎？還是身體或心靈層面呢？」，例如，「婚姻真的是愛情的墳墓嗎？」、「丈夫外遇，妻子選擇先分居後離婚，丈夫卻不肯簽字，當已讀大學的小孩，知情後該如何面對傷害媽媽的父親」、「婆媳問題該如何解決」等，他／她們還未結婚就已經對婚姻怕怕了。

有些學校的科系雖有關於婚姻與家庭的課程，畢竟只有主修該科系的學生修習，父母頂多只是拿自身的好壞經驗來分享，相當狹隘，而且婚姻生活如何過，他人是看不見、感受不到的，所以每個人都是在摸索與努力。父母是過來人，若能客觀地依據學理及實際生活讓這些小大人瞭解夫妻雙方的共識、同心及目標，婚姻一步一步地走，一方面享受情愛，一方面面對現實，處理生活大小事。

針對結婚及婚姻生活的婚前輔導是很有用的，有些婚姻諮商中心有開設此類課程，而基督教系統的婚姻輔導課程行之有年，引導有結婚打算的伴侶檢測彼此的合適度及相容性，瞭解婚後責任及必須面對的議題。

大學生肯發問是好現象，表示他們真的有困擾，且信任演講者的專業，但如此多的問題無法在三十分鐘內一一回答，何況每個問題也不是三言兩語可以給出標準答案，但這些問題都可以給父母及諮商輔導人員做參考，平時就要把握機會給予生活教育，父母也可以跟子女一起學習，看書報文章或聽演講，知己知彼才能相親相愛，促進成人親子關係和樂！

29 體重成為母女心結

盡量不要表現出對女兒體重的失望與嘮叨，應從女兒的優點或興趣切入，或者多談些她在學校、家庭的優良表現，以提升其自尊，讓她重新看到自己的美好面。

案例1

小女美美高中時非常活躍，上了大學後覺得太累，就沒有繼續田徑運動，因為很愛吃美食，大一下時就重了三公斤，然後兩年之內居然胖了十公斤。上星期她才發現已經穿不下那件她最喜歡的洋裝了，但也沒怎麼惶恐。我們邀她一起散步她會跟，但自己從不去走路，我幫她買了運動中心月票，她也很少用。

但是自她的言語中我感覺到她的自尊已受影響，只是每當我提起減重的話題時，她就變得有防衛性。這令我想起自己大學時代也為了減肥所苦，很怕聽人家提到體重，別人的勸說一句也不想聽，但我真的關心美美啊，我能做些什麼嗎？還是我什麼都不要做？

案例2

女兒英英十八歲，聰慧清秀，剛進大學，住在宿舍裡。令我煩惱的是從高二到現在，她胖了二十公斤，我給她錢到學校附近的健身俱樂部運動，她也不常去。我那離婚的丈夫從不注重養生，什麼東西都不忌口，女兒跟他一樣，經常買些垃圾食物，而且是大份量，但是兒子跟我一樣，吃得健康，體重正常。

我總是溫和地口頭表示關心，並鼓勵她吃健康食物，但是她愛理不理。她其實很聰明，知道自己過重，可是我認為她並不瞭解肥胖對健康的有害性。我們的社會以貌取人，我不希望女兒以後找工作有阻礙，而且我也受不了我家親戚投向她的眼光。請問我該如何幫助寶貝女兒？她祖母五十六歲就死於心臟病，我該如何鼓勵她減重，成為健康強壯的女性？或者送她去做諮商？

以上是兩位母親的心聲，故事情節幾乎一樣，母愛也是一樣多，卻是束手無策，皇帝不急急死太監，不用看到女兒，一想到肥胖，就有如重石壓心，焦慮煩惱。尤其是「案例1」的美美媽，年輕時也曾有過類似的狀況，只是沒那麼嚴重，所以她對女兒有同理心，知道多說無益，只是想要透過專家確認是否到此為止，不要再多說了，但心中總是盼望能有高招可讓女兒減重。

的確，現代的台灣社會中，超重的幼童及青少年越來越多，學校裡每一班總有一兩位，一方面是生活富足營養太好，另一方面是市面上充滿美味的垃圾食物，父母從小未培養健康的飲食習慣，隨小孩喜愛任其進食，長大後零用錢也好，打工掙來的工資也罷，極高比例都花在吃上面。放眼美式速食店或鹽酥雞攤就可看到多少青少年在享用易胖的食物。

當然孩子的天生喜好也有關係，曾有一對小兄弟，生長於富裕家庭，父母甚為寵愛，每逢周末連續兩天，必然搜尋美食網，帶孩子及公婆上大餐館，一看到孩子愛吃的菜餚，必然點上兩盤，讓他們吃個夠，飽到不想再吃，而平日家中飯菜必投其所好。當時七歲的哥哥偏好肉類，小籠包可以吃上兩籠，加上炸排骨及牛肉湯，而五歲的弟弟食量則如一般小孩，因此三年後哥哥在班上成了小胖子，常被人笑，他一方面有點自卑，一方面口慾仍高食量也大，父母則認為小孩正在長大且活動量大，胖一點沒關係，也沒在意，還擔心弟弟吃得太少，以後長不高。這就是父母因太愛小孩，盡量順其意並給予食物，以致於未看到許多潛在的危機。

而這兩位母親並未太寵女兒，可能是體諒孩子在高中時有升學壓力，多吃無妨，進大學後外食機會太多也管不到，就這樣，看著女兒體重逐漸上升並無危機感，等到胖得離譜身材變形時，才意識到事態嚴重，心中著急免不了形諸於外，造成母女關係緊張，自己又煩惱不已。自兩案例中，可以看到女兒肥胖現象其實已經產生了四個議題：

1.家庭關係緊張：母親對此事的過份關心，會造成女兒的壓力，而女兒的反應也會對母親形成壓力，「案例2」弟弟的正常體重以及若弟弟不小心言語傷到姊姊，也會形成手足關係緊繃。

2.女兒本身的自覺及自尊：美美曾是運動員，衣服已穿不下，抵不住街上甜品及鹽酥雞的誘惑，而英英在俱樂部看到的都是身材正常的人在健身，她們不是沒有自覺，內心雖然著急，其實有點自暴自棄，還是照樣吃，為了維持自尊，表面上還是裝著沒事，這就不是真的自尊，而是面具。

3.女兒的健康：年輕時肥胖，若不及早減重，肥胖細胞會頑強地生活在身體內，年紀越大身體的代謝越慢，減重不易，累積成為日後各種病源，因為健康及體重都不是一日造成的。

4.女兒的職涯及感情發展：專業及內涵固為首要，但台灣社會的職場隱藏著各種歧視，尤其現代商場上人與人接觸的機會很多，外形大部分時候也列入考慮之列。而且年輕異性大都以貌取人，過重之女在發展親密關係上有時也不是很順利，如果選擇退縮則真的會影響自己的未來種種。

因此兩位母親不僅擔心，也有幾分歉疚感，後悔沒有早注意到，現在想幫忙好像又使不上力。只是母親的注意力都放在「肥胖」及「過重」上，想的說的做的也都集中在女兒身上，母女對話必然簡短而無法延續，因此盡量不要表現出對女兒體重一直增加的失望與嘮叨，應從女兒的優點或興趣切入，例如誇

她聽慧秀麗或談她喜愛的湖人隊布萊恩要退休了，或者多談些她在學校或家庭的優良表現，以提升其自尊，讓她重新看到自己的美好面。

集中思考於幫助女兒管理自己的健康，才是正向做法。健康檢查不失為一個好方法，目的不在減重，而是對自己的身體狀況有正確的認識。年輕人仗著年輕，總覺得身體不會有毛病，很少有健診的觀念及行動，平常如果不是生病，父母也不會帶他們上醫院做健診的。其實過重到某一個程度就是肥胖，有可能是腦下垂體的問題，那就是病症了。母女可以找時間一起去做健康檢查，而不是母催促女去或半押半陪同地去，她才不會有壓力。她在聽取檢查結果，私下與醫生的對話中，多少能聽進去醫生的勸告，開始學習管理自己的健康。

肥胖也有可能是心理因素，為了逃避一些事情，不想面對現實，一頭栽進美食，除了暴飲暴食體重增加外，表面上看不出任何問題。因此不妨建議女兒去找學校心理諮商師晤談亦是可行之道，但不是為了超重而去，而是鼓勵女兒去跟心理師談談這幾年的生活及心理狀況，必然冒出一些值得討論的議題，除了體重議題外，美美可能覺得放棄運動是遺憾，而英英可能因父母離婚而受

傷，也不知如何與離婚父母建立親子關係，諸如此類，有各種可能。

女兒正值青春，面對同學及親友異樣的眼光必是不好受，母親若也感覺難以面對，女兒自會感受到，更增加了她心中的壓力，因此母親在他人面前的態度當然要自在自如，這樣即是在照顧女兒的自尊，而且千萬別拿她跟體重正常的手足或當年的自己比較。尤其對於英英，更不能指責她「有其父必有其女」，在飲食方面與父親有相似之處，每個人都是一個獨特的個體，都有潛能走出自己的路。

為人母者可以自己閱讀書籍或去做諮商，學習如何與成年子女溝通，適度表達關心。等女兒的個別諮商有進展之後，母女也可以一起去諮商中心做家庭治療。當女兒真正地感受到母親的愛心與用心良苦，她管理自己健康的動機與行動力就會提升了。

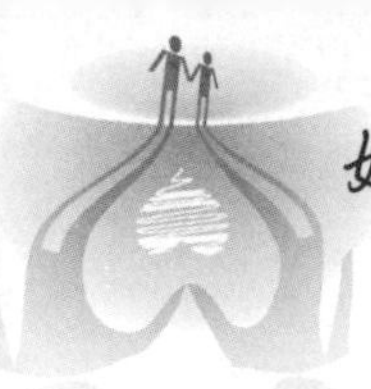

30 將心比心的體諒之道

家庭中每一個成員若能處處同理家人，凡事從正面看待，試著調整自己的心態，就能產生正向能量，並將之用於家人與姻親身上。

男女結婚進入婚姻生活，就已進入家庭系統，家庭是由各種子系統組成，包括夫妻子系統、父母子系統、手足子系統（小孩），以及延伸的子系統，亦即姻親各層，如祖父母、小姑大姨，甚至更遠。華人家族系統中，姻親關係的互動頻多，人際關係可以很親近，也可能很糟糕，或不來往，海峽兩岸歷年來的婚姻危機調查，姻親問題（In-Law problems）通常是列在第四或第五高位。

現代伴侶因自由戀愛而結婚，是自己選擇配偶，決心相伴共度後半生，然而姻親是不能選的，他／她們是伴隨著配偶而來，與婚姻相連，擺脫不掉的。當某一個姻親子系統的成員佔據或侵犯了一個夫妻子系統時，結果經常性的家

庭結構就會產生某些麻煩，華人社會中最常見的，大多存在於夫妻各自原生家庭中的糾纏關係，以婆媳問題為首，當然公媳、姑嫂、叔嫂、岳婿、妯娌各類關係也可能有障礙。

婚姻與家庭不可分，夫妻感情基礎穩固，小家庭就美滿幸福，原生家庭及家族也理應相處融洽，然而小家庭之外的子系統，人多嘴雜想法不一，對於後來因結婚而加入的家庭新成員，要由陌生成為親近，雙方都會有戒心會擔心，必須經過多次互動來磨合，建立姻親人際關係。有些家庭成員甚至在夫妻結婚前就對男方或女方有偏見、誤會或不滿，亦有男方或女方不喜歡或瞧不起對方家庭，但因兩人熱戀昏了頭，一心只想在一起，先結婚再說，也就埋下了姻親問題的種子及潛在的婚姻危機。

一般而言，姻親關係就是和諧與不和諧兩類，和諧關係又可分成真正的融洽，完全一家人，及客客氣氣相處，相安無事兩種情形；而不和諧的關係則可分成吵吵鬧鬧，怒氣滿心及乾脆不來往兩種情形。婚姻幸福家庭和樂者固然佔大多數，但也是辛苦經營的成果；忍氣吞聲或時爆衝突，甚至鬧離婚真分手的

案例時而可見，小則自己傷心，孩子受累，大則產生社會問題。

家家有本難念的經

A女是獨生女，從來不下廚，父母疼愛有加，雖然不認為A男是理想女婿，女兒執意也只好順她。婆家房大錢多，小姑已嫁，乃順理成章同住，婆婆勤儉持家是美德，A女佩服，但她不能忍受的是婆婆經常嫌她只會吃不會煮。婆婆一心想將她調教成烹飪達人，以備以後父母作古，兒子的三餐不缺家鄉口味。

A男的確喜好母親親手做的佳餚，然而外面江浙美食多得是，他一直勸妻子不必太投入，表面上順著母親學幾道菜即可，只是她連最基本的下廚技藝都不會，無法進入高階班，又不敢多問婆婆，因為知道結果必定又是換得一場嘮叨與嫌怨，連帶還會說她母親把她寵壞了，而她也不好意思回家請教媽媽，擔心媽媽會心疼會不滿，因為害怕，她無法專心記住婆婆準備的食材與示範步驟，燒了幾道菜實在不像，婆婆的臉色像冰山。

A女開始藉口加班或去上英文課，晚餐與先生在外面吃，或溜回娘家吃，而A男單獨在家吃晚餐時又得忍受母親嫌媳婦不聽話的嘮叨，聽多了就對母親發火，母子關係緊張。A女在家壓力大，一直吵著要搬出去，但父母不給錢買房子，先生為獨生子，也不敢貿然外出租屋，爭吵漸多，氣氛僵冷，夫妻關係疏離。有一天A女終於忍不住，向娘家父母據實以告，他們向婆家理論，說女兒不是嫁去當廚娘的，結果當然是一言不合，兩家決裂，A女回娘家住，半年後結束了兩年半的婚姻。

B女與先生感情佳，一年半前小姑出嫁後，婆家冷清，拜託兒子舉家搬回家住，夫妻商量，覺得婆家四房兩廳寬敞，適合小孩居住，又可促進祖孫互動，房租錢可省下來儲蓄，乃欣然入住。B女跟著丈夫孝順公婆，大家客氣融洽，而小孩的確給公婆帶來歡樂，也拉近婆媳距離。

半年前小姑做完月子後，經常帶嬰兒回娘家，週末丈夫也來待整天，逢到丈夫出差，她就住上幾天。婆婆忙著照顧嬰兒也對女兒噓寒問暖，只要媳婦在旁，她必定差遣B女做東忙西的。B女要上班，要做家事，又有小孩要照顧，實在沒有心力去伺候小姑全家，又不好意思拒絕，何況以前小姑未嫁時，兩人感情也不錯，但只要她回娘家，B女變佣人，身心俱疲。

對於婆婆與小姑無意識地壓榨她的時間與勞力，她當然不滿，向丈夫訴苦，B男因與妹妹自小感情好，妹妹回娘家他很開心話聊不完，無法體會妻子的心境，頂多就是幫忙照顧小孩，然後嘴裡說著不要太辛苦了，沒有丈夫的共識她孤掌難鳴，左思右想，又去請教長輩，只想改變現狀。

她開始訓練丈夫買好吃的外賣，平日家裡人多就會有外賣的菜出現在桌上，週末小姑全家若回來，她請丈夫出面請大家去餐館飽食一餐，其他的時間則是自己一家四口去遊玩或回娘家，美其名說留給婆家母女較多空間與時間。當小姑丈夫出差時，也常建議並主動開車載公婆或婆婆一人去她家住幾天，說是嬰兒在自己家會比較自在，婆婆可以幫女兒更多忙，而公公是園藝高手，亦可施展綠手指，美化女兒家的陽台小花園，B女說的做的都是面面俱到，扭轉局面，利人利己，丈夫也不得不佩服，全心支持全力配合。

同理他人，正面思考，正向能量

古希臘哲學家艾皮科蒂塔斯（Epictetus）在西元一世紀就說過，「人不是被事情困擾著，而是被對該事情的看法困擾著」，這也是理情行為學派大師艾里斯（Albert Ellis）經常引用的一句話，每個人有基本的人之價值，也都有優缺點，人與人之間因某事情產生衝突，往往會被對某事情的看法所產生的負面情緒籠罩而討厭對方，流於非友即敵的二分法，而在家庭中的姻親人際關係亦可能有這種傾向，卻因姻親而不得不接觸，總是帶來錯綜複雜的情緒與外弛內張的關係。

婆婆是烹飪高手，擔心後繼無人，也愛子心切，希望A女可以學習做菜，既可傳承又可抓住丈夫的胃，用意至善，但她心急，只期待A女扮演好媳婦的角色，沒有去想要從沒下過廚的掌上明珠變成像她那樣的達人，將有多長的路要走！A女的反應與表現完全不及格，導致婆婆對此事積怨。而A女未能設身處地為婆婆著想，總覺得老人家不喜歡她，強迫她做自己無法達到的事，丈夫又不站在她這一邊，有遇人不淑碰到惡婆婆的感覺，這都是她加在自己身上的

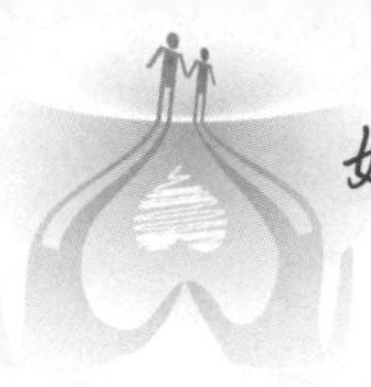

非理性想法，導致恐懼、擔心、難過、怨恨等負面情緒，積壓到受不了，自己無法處理，告知娘家後，讓事情發展得更複雜了。

其實事情很簡單，只不過是烹飪一事，婆婆與A女均被她們各自對此事情的看法所困擾，擴大了對彼此的情緒及想法。A女自知做不到也不想學，她可以好好地跟婆婆說，再學也趕不上婆婆，但願做二廚在旁邊學習，所以每次煮飯時就細心幫忙洗菜切菜拿調味料，重要的是要對婆婆的專長有興趣，她覺得被重視又有伴，也看清媳婦的「資質」，心情一好，就會慢慢降低對媳婦的要求，至少能理解她是同心。

A男則可以支持妻子，經常提醒媽媽有了個好幫手，耳濡目染，以後萬不得已時說不定派得上用場，現在還是吃媽媽的拿手好菜，全家都好福氣。他也可以自己跳進廚房，請老媽教他幾手好菜，仍請妻子當二廚，老媽必定更開心。

B女固然被小姑回家的事情困擾著，也清楚自己被對該事情的看法所困擾，再這樣下去，全家感情破裂，婚姻亦受損，因此她思索解決方法，如何才能皆大歡喜，大家全贏。當然不能得罪婆婆與小姑，還要加倍對她們好，但是

要想方法，因此她設身處地為母女設想，母女情深是天性，婆婆一定很願意去照顧女兒及外孫的，自己在不在場其實不重要，只要把食物準備好即可，而且禮數要做到，因此她志願週末接送公婆來回小姑家，但一定要留時間空間給自己的一家三口，丈夫被她的好心感動，就對她言聽計從了。

姻親關係在家族人際關係中是有連鎖效應的，婆媳關係佳，原生家庭及小家庭自然和諧，延伸出去的叔伯姑姨各個姻親子系統看到最不容易相處的婆媳關係都能成功，必感到欣慰與羨慕，也就願意誠心相待，和平相處了。家庭中每個成員若能處處同理家人，凡事從正面看待，試著調整自己的心態，就能產生正向能量，並將之用於家人與姻親身上。

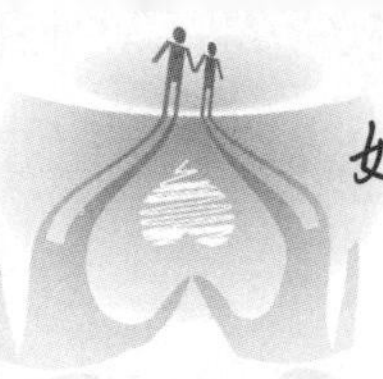

31 婆家、娘家，回哪個家都幸福

夫妻雙方都應該看重彼此的欲求、同理彼此的情緒，讓回娘家、回婆家，都是生活中的例行常事而不是壓力。

案例1

令正的小妹比他早婚，弟弟在美深造。他想存錢買房，於是婚後暫住父母家。兩代四人生活簡單，直到一子一女誕生，開始變得忙碌。

太太心芸白天上班，婆婆幫忙帶小孩，晚餐等心芸下班後負責。週末時，小姑一家四口常回來，中午是一起外出用餐，晚餐還是心芸負責。

工作、家事、孩子……，心芸每天像陀螺轉個沒停。令正晚上回家繼續上網工作，頂多就是週六帶孩子打打球。

心芸很渴望回娘家，做父母的女兒、吃媽媽煮的菜。孩子也喜歡去外公家玩。但婆婆擔心家中沒人使喚、張羅飯菜，一看到媳婦回娘家，就對兒子嘮叨。

令正為了安撫母親，不再陪太太回娘家，心芸因此不開心，認為女婿是半子，理當一起探望岳父母。令正買車後，總是開車送太太小孩回到岳家便獨自折返，隔天讓他們自行搭車回來。

心芸不悅，岳父母也不解，且心芸回婆家時，婆婆總是板著臉：「總算回來了！」回娘家成了心芸的壓力，回婆家還是壓力。她曾經和令正溝通，但他認為目前的做法很好，兩方都有顧到。

案例2

良平自小愛乾淨，常幫媽媽洗碗、打掃。他與獨生女梅子談戀愛時，每次到梅子家做客，也會主動幫忙善後，梅子的父母非常欣慰。

婚後，他們在梅子娘家的社區裡租房子。良平因工作地點離家近，常回家探望父母，梅子則是一個月才回去一次，吃完飯便走人。

最近良平幾乎每天都回家吃飯，父母覺得怪，追問之下才知道梅子天天回娘家陪父母吃飯、看電視，總要磨到九、十點才回家。良平體諒妻子工作辛苦又黏家，沒反對，未料她連續三個月每天都拖到好晚才回家，努力溝通的結果竟然是：「誰叫你不一起回我家吃飯！」

良平解釋很多次，不好意思每晚打擾岳父母，寧可買便當回家吃，或是趁著探望父母時共進晚餐。他覺得既然有自己的窩，還是應該早點回家過夫妻生活。

梅子聽不進去，脫口而出：「媽媽說你都不再來幫她洗碗、打掃了！」

良平的情緒被引爆，狠狠丟下一句：「原來女婿的功能就是洗碗掃地，這種婚姻不要也罷！」便回父母家住。梅子則是哭哭啼啼回娘家告狀。她父母很生氣，認為良平前恭後倨，這種女婿不要也罷。於是協議分居，兩年後便離婚。

回娘家，是小事，也是大事

照理說，回婆家和回娘家一樣重要，只是有些丈夫仍存有「嫁給我就是我家的人」的觀念，不喜歡妻子常回娘家，堅持要以婆家為重。

許多新婚夫妻因為買不起房子，長住或暫住公婆家，如此一來，媳婦回娘家，婆婆必然知曉，自然不悅，而對兒子嘮叨。

也有夫妻婚後是住女方家的。明理的丈夫體諒妻子是獨生女，不捨父母，加上有伴，於是待岳父母以禮，而妻子也懂得感恩，常和丈夫一同探望公婆。但只怕日子久了，丈夫覺得長期寄人籬下顏面無光，逐漸為了搬出去住而和太太起齟齬，進而引起岳父母不悅。夫妻兩人的事，一旦有第三方介入，就會變得複雜。

為了回娘家、住娘家起爭執，導致夫妻關係緊繃、爭吵指責，甚至反目，歸根究柢，都是人格不成熟、感情基礎不穩固。

「案例1」是常見的例子。沒錢買房子而與公婆同住，三代同堂也不錯。由於夫妻感情好，心芸對兩老及小姑親愛有加，但繁重的家務都落在她身上時，因疲累而少說話，因沒幫手而積怨，婆家卻認為這些都是媳婦的本分。

回娘家是心芸的假期，可以暫時放鬆；也是逃避，不需面對公婆。婆婆忘記她也是人家的女兒，而丈夫習慣順從母親，不懂得在言語、行動上支持，雖

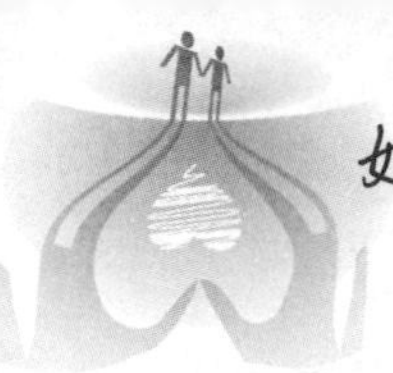

然會開車送她和孩子回娘家，卻只做了一半。夫妻為了回娘家的事，演變成對立，日子久了，形成婚姻潛在的危機。

公婆兒媳，是主從，也是平行

雖說父母為尊，但身處大家庭，小夫妻與老夫妻應該是平行的，要尊重彼此的關係，而不是加以干涉。亦即結構家族治療大師米紐慶所謂的「系統」：父母系統和夫妻系統。從垂直面看，夫妻系統是次系統，要遵從、敬重父母系統。但從橫切面來看，兩個系統都是主系統，是平行的。家事的分工合作是原則，基本勞務應由年輕夫妻擔當，但老夫妻也要發揮家庭功能，適度幫忙。

要改變傳統家庭並不容易，關鍵在於為人子的丈夫。他得撐起夫妻系統的結構，多與父母溝通，平衡兩系統的權力與運作。可惜令正並未覺察兩個主系統的不平衡。不過，妻子也是關鍵，可以心平氣和地與先生溝通，自己也有原生家庭，也需要空間與時間，請他將心比心，替做女兒的想、替女兒的父母想。如果夫妻雙方都看重對方的欲求，同理對方的情緒，讓回娘家成為生活的

例行事項而不是壓力，家務順利進行，夫妻感情自然也會增進。

原生、婚姻家庭，要維持，也要距離

「案例2」是比較少見的例子。梅子是典型被寵壞的獨生女，談戀愛時都是良平進出她家，她絕少拜訪公婆。其次，這對夫妻對「結婚」與「家庭」的認知有很大落差。良平憧憬兩人共創家庭，分享相處的快樂與生活瑣事；梅子則認為兩人相愛才住在一起，但生活還是依賴著父母，無法自原生家庭分化出來。

良平不認為隨太太回娘家是婚姻生活的一部分，但他說不過妻子也不想頂撞岳父母，只好回自己爸媽家。心理學稱之為「退化」行為：把自己放在習慣的地方，讓心裡舒服些。

梅子執意不改，硬要待在娘家，造成良平更多的壓力，更不想去岳家，也覺得自己被誤解。

觀念的隔離、空間的分離和時間分享的不足，都讓未經考驗的婚姻面臨危機。離婚收場是悲劇，卻也是好事，兩人還沒有孩子，比較能夠重新生活。梅

子若能痛定思痛，理解婚姻的定義，學習獨立自主，從原生家庭中分化出來，就會成長，下一個婚姻也會更好。良平若能在婚前好好瞭解女方家庭及其成長背景，多溝通、共同繪製婚後藍圖，必能找到合適的對象。

婚姻生活裡的任何小事，若不及時溝通協議，假以時日，就會演變成複雜的大事。回娘家對有些夫妻根本不是問題，但對某些家庭卻是大議題。因此，婚姻系統中的夫與妻必須同心，有共識地看待回娘家一事，用平常心對待，不管是回哪一邊的家，都像是回自己家一樣地快樂、自在。

智慧系列11

婚姻，最浪漫的修行

金塊文化

作　　者：林蕙瑛
發 行 人：王志強
總 編 輯：余素珠
美術編輯：JOHN平面設計工作室

出 版 社：金塊文化事業有限公司
地　　址：新北市新莊區立信三街35巷2號12樓
電　　話：02-2276-8940
傳　　真：02-2276-3425
E-mail：nuggetsculture@yahoo.com.tw

匯款銀行：上海商業銀行 新莊分行（總行代號 011）
匯款帳號：25102000028053
戶　　名：金塊文化事業有限公司

總 經 銷：商流文化事業有限公司
電　　話：02-5579-9575
印　　刷：大亞彩色印刷
初版一刷：2016年10月
定　　價：新台幣260元

ISBN：978-986-93223-4-8（平裝）
如有缺頁或破損，請寄回更換

團體訂購另有優待，請電洽或傳真

國家圖書館出版品預行編目資料

婚姻,最浪漫的修行 / 林蕙瑛著. –
初版. – 新北市：金塊文化, 2016.10
240 面；15 x 21 公分. -- (智慧系列；11)
ISBN 978-986-93223-4-8(平裝)
1.婚姻 2.生活指導
544.3　　105017517